前田裕晤が語る

大阪中電と左翼労働運動の軌跡

聞き手＋編集
江藤正修

同時代社

前田裕晤が語る
大阪中電と左翼労働運動の軌跡／目次

第一部　党と革命、大阪中電の拠点化（一九五〇年〜一九六九年）――7

第一章　朝鮮戦争とレッドパージ、総評の誕生　8

通信労働者の置かれた環境―一九五〇年前後／二・一ストの概要と二省分割、レッドパージ／二・一ストと大阪中電の状況／中電で目撃したレッドパージの光景／レッドパージ後の職場状況／独身寮での青年群像／最末端での軍事闘争体験／私が遭遇した枚方事件と吹田事件／武装闘争時代の一光景／中電の青年運動が始まる／入党と非合法活動

第二章　激変する情勢――戦後史を画する時期　29

職場闘争の大幅な前進／「共産党員の修養を論じる」が与えた影響／同志社での学生運動のひとコマ／千代田丸事件と党中央への不信の芽生え／第一次電通労研の結成／その頃、学生運動の現場では……／山岸章――大きな魚を逃がした／片山甚市の謝罪／中電と立命館、分派状況下の共産党事情

第三章　六〇年安保闘争と共産党神話の崩壊、新左翼の誕生　42

共産党脱党と小説「断層地帯」をめぐって／ブント結成とそのオルグ模様／六〇年一月羽田闘争での決断／京都の反安保デモ（六〇年）での出来事／ブント全国労働者会議と中電査問事件／「アカハタ」紙上で除名発表、電通労研結成／中電以外の各地の状況／関西での新しい党形成へ

第四章　ベトナム反戦運動の広がりの中で　58
節目となった六四年の全国労働者学生集会／六〇年代中葉の中電内活動家集団の分布図／玉造駅事件の顛末／ブント活動家の労働運動配置／動き始めた反戦青年委員会

第五章　日大・東大全共闘と中電マッセンスト　67
反戦青年委員会の時代／ブントの労組書記が大阪地評青年部長に／中電マッセンストに向かって全国労働運動左翼活動家会議／共同行動としてのスト中止とブント内対立の激化／分派状況と私のブント脱退／〝私の教え子〟——分派に踏み切れなかった自分／労務も思わず応援／中電支部として一〇・二一ストを貫徹／中電マッセンスト、その余波

第二部　関西から全国へ
——新左翼労働運動の広がり（一九七〇年～一九八〇年）——　89

第一章　街頭から職場へ　90
高野実さんとの出会い／高野人脈の広がり／尼崎の左翼群像／杉本昭典を中心とする群像／新たな結集のはじまり／大阪の青年同志会／活動家集団としての阪神労活・関西労活の結成／党派と労活運動の関係は？／林大鳳さんと動労について

第二章　六甲会議と戸村参院選挙　103
関西発『季刊労働運動』の発行／『労働情報』の発足へ／六甲会議その（1）われわれの組織はAなのかCなのか／六甲会議その（2）戸村選挙の表と裏／『艦褸の旗』と全労活訪中団の顛末／『艦褸の旗』と三国連太郎／三里塚に連帯する会の運動は続く
第三章　『労働情報』の発刊と大阪集会　117
組織再編から大阪集会への道／港合同の出会いと『労働情報』の発行／七〇年代の港合同の評価について／第一回大阪集会の裏話
第四章　二つの全国拠点――全金港合同と大阪中電をめぐって　122
再び中電について―マッセンスト後のインター伸長と反発／六〇年代―拠点としての中電／中電の二重権力論――ショップスチュワード論とモンロー主義／港合同モンロー主義／中電モンロー主義から北大阪の地域運動形成へ／大阪集会の一〇年間
第三部　労働戦線の再編と民営化の中で（一九八一年～二〇一四年）――――139
第一章　労働戦線の再編と民営化攻撃　140
八〇年代における労戦再編と民営化をめぐる攻防―全電通の場合／山岸章と宝樹文彦―資質

の違い／電電不正経理が暴露され、職場労働者に怒り爆発／中電という職場が消えた／労研センター、全国労組連／「労働情報」「全国労組連」訪中団と日中労働者交流協会／大阪集会の終焉と一〇月会議、東京集会のはじまり／連合をめぐる『労働情報』系の深刻な対立／『労働情報』の行く末も問題に

第二章　労研センター結成と国労修善寺大会　154

総評三顧問声明と労研センター／国労修善寺大会をめぐって／山崎元国労委員長と私の関係／全労協結成まで──全港湾のためらい／全労協結成と都労連の宮部、国労革同の人見が果たした役割／全労協人事を納得しない中里さん／地県評連絡会議構想と全労連の結成

第三章　連合・全労連・全労協の成立と国鉄・電電の民営化　163

少数組合をめぐる論争──徳島の場合／少数組合をめぐる論争──大阪中電の場合／金丸・山岸秘密会談と電電民営化／大阪電通合同労組結成の真相／赤色労働組合主義批判への反論

第四章　新たな価値観と戦略を求めて　171

少数組合と社会的労働運動／労働運動の〝仁義〟と公共性／社会的労働運動と生産性基準原理／清水慎三のゼネラルユニオン／派遣村まで行きつかなかった社会的労働運動

第四部　座談会　全電通労働運動と大阪中電の時代——183

「四・一七スト」が一つの転機となった／大阪中電の職場闘争の実相にふれて／片甚と山岸の面接試験／三世代にわたる関西ブント／労働戦線への展開／反戦青年委員会広がりの構造／労働運動における大阪中電の位置／「マッセンスト」への流れを決めた／第二世代の喪失感は大きかった／「マッセンスト」の評価をめぐって／「マッセン」の時代と現在をつなぐ視点／清水慎三のゼネラルユニオンと社会的ユニオニズム／「大きな物語」ではなく「小さな物語」が展望を導く

＊座談会補遺「一〇・二一中央権力闘争——マッセンストライキ——北大阪制圧」闘争　208

第五部　資料編——215

堂島川畔の青春裸像／仙人部落の記

私が出会った恩師と知友たち——あとがきにかえて　246

前田裕晤略歴　巻末

※なお、第一部は前田裕晤の語りの形をとり第二部、第三部は質疑の形をとっているが、いずれも聞き手は江藤正修である。

江藤正修：一九四四年生まれ。一九七四年第四インターナショナル日本支部加盟。八七年インター分裂後はＭＥＬＴメンバー。七六年樋口篤三編集長の「季刊労働運動」編集部員。一九七七〜二〇〇四年「労働情報」事務局員。

第一部　党と革命、大阪中電の拠点化（一九五〇年〜一九六九年）

第一章　朝鮮戦争とレッドパージ、総評の誕生

時代を語る❶　一九五〇年

中国革命の勝利（一九四九年）の結果、ソ連を軸とする共産圏拡大を警戒したアメリカは、これを封じ込める世界的な冷戦戦略を展開し始めた。朝鮮半島では朝鮮戦争勃発（一九五〇年六月）。敗戦直後、労働運動は高揚期を迎えていたが、米占領軍は日本を〝反共の砦〟化するために、共産党の非合法化、共産党員活動家の排除（レッドパージ）を強行した。その中で共産党は所感派・国際派に分裂（「五〇年分裂」）。労働運動ナショナルセンターは産別（共産党系）から総評（反共の社会党系）へと激変した。

□通信労働者の置かれた環境──一九五〇年前後

当時の大阪中電[1]労働者の置かれた状況を振り返ってみます。おそらく東京中電も同じような環境だった思います。

敗戦直後のベストセラーの一つ、『日本残酷物語』（平凡社・現代編二巻）の一節に「貧しき立志

伝の人たち」があります。その立志伝の人たちとは逓信講習所出身者を指していて、私にとっては興味深い内容だった。

明治以降の官僚育成策の一環として、大学卒のエリート官僚以外の中堅幹部育成のため、各種無料学校が作られた。金のない農家の次三男を集めた学校です。逓信講習所以外にも、鉄道講習所、水産講習所、商船学校があり、この四つは授業料が無料、寮・食事も無料、若干の小遣いも支給される仕組みだった。もう一つは教員養成のための師範学校で授業料のみ無料。これらの中堅官僚育成システムよりもさらに手厚い援助のもとにあったのが、陸海軍の士官学校・兵学校を含む養成学校だったわけです。逓信講習所は戦後もしばらく続きます。

中電を中心にモールス通信に従事する労働者も、家を継げない農家の次三男が中心でした。田舎では成績が優秀と思われていた若者が、何とか勉強をしたいと考えて逓信講習所を受験、合格して訓練を受けた者たちです。鉄道講習所などほかの講習所の実態はよく分からないけれど、逓信講習所は戦前からかなり厳しい競争率のもとにあったようなのだ。そうした中で、モールス通信を覚えて卒業します。

私は一九五〇年四月に逓信講習所に入った。当時は二・一スト[2]直後で二省分割、つまり逓信省が郵政省と電気通信省に分かれた時期で、制度もよく変わった。受験時は逓信講習所といっていたのが、入学すると電気通信学園といった具合です。

入学時に〝イロハのイはトンツー、ロはツートンツートン〟というモールス通信の単語カードを渡されます。このカードを入学から一週間で暗記する。覚えられなかった者は退学です。私は京都の講習所に入学しました。単語の暗記が難しくてノイローゼ気味になった学生の中には、市電のガタガタというレール音がモールス記号に聞こえた者もいたようです。

そのようにして採用された生徒の大半は、モールス通信の通信士で生涯をすごすことになりますが、もう少し上に行きたい者には高等部という制度があり、旧制中学と同じ資格が与えられます。その上の逓信官吏練習所（官練）はさらに高度な能力が要求され、ここの出身者は大卒と同様の扱いで、内部からエリートコースに登用されます。

中央電報局（戦前は中央電信局）は大きく分けて東京と大阪が全国の中心局としての機能を持っていました。国内通信部門と国際通信部門があり、国際部門は外信部と称されましたが、後に国際電信電話会社（ＫＤＤ）として独立します。国内電報を例にとると東京・目黒から大阪・天王寺地域に電報を送る場合、目黒局から東京中電を経て大阪中電に、そこから天王寺局に転送され配達されることになります。だから他府県への電報は全て中電経由となるわけです。受付は電報局もあれば郵便局もあります。配達の場合、都心の大きい局は配達部門を持っていますが、それ以外の全国は郵便と同じ配達ルートになります。

電報の送受信は音響通信＝モールス通信を電鍵で叩き、カナ・タイプライターで受信します。国際電報は欧文が主流のため、欧文タイプライターです。中央電報局の場合、通信士が八割を占め、大阪中電は約二四〇〇名の職場でした。

□二・一ストの概要と二省分割、レッドパージ

二・一ストの中心であった全逓労組は、官公労の中でも四〇万を組織する最大労組で大きな役割を果たしていました。主要局所・支部は共産党系の執行部が青年行動隊を組織し、他組合の指導的役割を担いました。当時のナショナルセンターである産別会議の民間組合は戦後の飢餓状態下、前年の一〇月闘争で大幅な賃上げを勝ち取っていました。全官公庁共闘（議長、国鉄・伊井弥四郎）に結集する二六〇万は、一九四七年一月一一日、「最低賃金制・労働契約の締結・勤労所得税の撤廃」などの要求を掲げ、スト体制擁立大会を開き、一五日には「二月一日を期してスト突入」を決定、それに産別会議等五四団体六〇〇万も合流を決めたのです。

とくに全逓職場ではスト突入と同時に「局長以下官側機構による指揮命令系統は消滅し、支部員の行動に関しては、一切がスト執行本部の指令による」との指令が出されたのです。それ以外にも地方によっては町・村の行政までも把握するとの指令が出されたところもありました。しかし一月三一日午後二時半、ＧＨＱ（連合国総司令部）のマッカーサーは「ゼネスト禁止」を指令し、伊井議長は「一歩後退、二歩前進」と、泣きながらスト中止をＮＨＫラジオで発表した。

この後、政府当局は最強硬派の土橋委員長を先頭とする四〇万の全逓労組潰しにあらゆる手段を使います。まず、組合内部の非共産系指導部の育成のために組織された「全逓民主化同盟」への援助と露骨な分裂策動に入ります。それでも成果を上げられず、ついに一九四九年に入ると逓信省そのものを郵便中心の郵政省と電信電話中心の電気通信省に分割します。これは全国に張り巡らされ

た配達網の分断にもなり、二重の配達網を改めて作ることになったため、世界各国の通信関係者からは物笑いにされた政策でした。

一九五〇年に入ると朝鮮戦争が始まります。中国革命の成立、アジアの中での日本の位置をどう捉えるかでＧＨＱの占領政策は大転換し、占領政策の妨害者として危険思想を持つ者の公職追放、いわゆるレッドパージが始まるのです。二省分割後の郵政・電通省では一万一五〇〇人の共産系役員と活動家が解雇されたのです。

□二・一ストと大阪中電の状況

敗戦直後、復員して労働運動を担った者の中には官練出身のエリートの人々もいて、彼らが先頭になって大阪中電従業員組合を結成しました。初代委員長は村上弘で後の共産党委員長、書記長の浜武司も後に都委員会委員長、共産党労対部長の荒掘広は青年部の役員です。官練出身で共産党の裏指導を担い、関西地方委員会の常任第一号となった人が上坂喜美（三里塚闘争に連帯する会代表）さんです。上坂さんは二・一ストの行動隊長ですが、その後は党活動に入っていきました。

これらの人々が、一九四九年からの共産党員の公職追放、いわゆるレッドパージで順次、職場を追われていくことになります。当時の中電における党員数の記録はありませんが、おそらく五〇～六〇人をはるかに超えていたと思われます。大阪中央電報局の場合、不思議なことに外信部にはパージが出ていません。

全逓職場以外については、『資本主義発達史』六巻（大河内一男編・岩波書店）で詳しく触れられています。それによると、

「二月一日のスト突入を期して次の通り指令する」

ということで、たとえば全逓はどこの役所を押さえる。国鉄も一度ストライキに入ったうえで、ストが完成した段階では、無料で人民電車を動かすことになっていた。すなわち二・一ストは、革命的事態を想定していたわけです。

大河内先生の本には、栃木県の例だけが書かれていて他所については分かりません。しかし、私たちが五〇年の中電入局後に聞いた古い人たちの証言によれば、

「当時、二・一スト参加で東京に行く全逓青年行動隊は赤腕章をはめていれば国鉄は無料」でした。その彼らは、米持参で東京に向かった。スト突入後の全逓本部弾圧を想定して、日本橋郵便局の地下に第二の秘密闘争本部が作られることになっていて、その防衛のために全国から行動隊員が集められた。そして、彼らが持ってきたコメ袋が、バリケードの代わりを果たすことになっていたそうです。

そのような話から想定すると二・一ストは、革命を意図したにもかかわらず、占領軍の対日政策を見抜けなかったところに大きな挫折の原因があったのだと思います。

□中電で目撃したレッドパージの光景

中電のレッドパージ(3)が始まったのは五〇年初頭で、一〇月いっぱいまで続きます。一方、私たちは五〇年四月に逓信講習所採用、翌年卒業だったにもかかわらず五〇年一〇月末に、繰り上げ卒業になりました。

モールス通信の試験には一級と二級があり、一級を取らないと卒業できません。(電鍵で字を打つ速度が一分間七〇字は二級、九〇字以上が一級。競技会などで最も早い人は一二〇字以上になります)。私たちの場合は二級の七〇字をとった七〇名全員が卒業扱いとなり、レッドパージの後補充として大阪中電に送り込まれました。

一一月から局に出勤することになっていた私は一〇月三一日、三人の卒業生と一緒に中電見学に出かけました。小雨が降る中、一一時頃中電に到着して門の方を見るとシャッターが下りていて、その通用口から守衛を含む三~四人の男に囲まれた女性一人と男性二人が、突き飛ばされて出てきました。彼らが、レッドパージで職場を追われた最後の人たちでした。靴を脱いだままの裸足の女性が、

「荷物を返せ」

とシャッターを叩いている姿を見るまで、レッドパージとは実際にどのようにして職場を追われていくのかを知りませんでした。

□レッドパージ後の職場状況

そのような状況の中で、翌日から中電に配属されました。当時の中電は、二・一ストの中心的党員活動家である村上弘たちが早い時期に追放され、それ以外の活動家もほとんどが追放された状況にありました。私たちが着替えるロッカー室の手前には労働組合の看板が二つ掛っていて、一つは全逓信従業員組合大阪電信支部、もう一つは全逓民主化同盟（民同）大阪電信支部とあります。

この段階でいわゆる民同派[4]といわれる部分は、全逓中央を握っていた共産党からレッドパージ後にヘゲモニーを奪うのですが、その際には官側の協力を得て実権を握っていきます。この当時の勢力図は、民主化同盟の組合に入った人と従来の全逓のままの人、組合から離れている人などがいて、はっきりしていません。

全電通[5]が翌年の五一年、全国から募って作った「行進曲」には「全電通に集う三万六千」という歌詞があります。その後、二〇万人を超えた全電通の分裂当初の数は、その程度だったのでしょう。私が配属された当時の大阪中電では、組合員が様子見をしている状態でした。

私たちの職場には大きな丸い柱の列がありますが、その円柱に四角形の黄色い跡が残っていました。電報を受信すると、電文テープの裏に膠《にかわ》の糊を貼って用紙を作りますが、この黄色はレッドパージで追放する氏名一覧の紙を膠で貼り付けて各職場に掲示した跡です。たびたび塗り直しても、膠の黄色だけは残っていました。

古い連中はわれわれに言っていた。

「おい、あの黄色の跡をよく見ておけよ。あれは今まで職場にいた仲間が放り出された時の掲示跡だ」

レッドパージに指名された労働者は、タイプライターで職場の中にバリケードを作り、閉じこもる。それを順番に引きずり出して追放していったわけですが、その中に、

「民同の組合の中に片山甚市＝片甚[6]という変わったやつがいた」

という先輩労働者がいました。

片甚はバリケードの前で座り込み、

「お前らが出ていかないと職場が混乱する」

といってハンガーストライキをしたという。片甚は民同派として再建された大阪中電の二代目の委員長になる人です。

そういう状態の職場に入りましたが、若者は管理者から我が物顔でこき使われる。例えば「おかずを買いに行け」と言われたり、場合によっては肩叩きを命じられる。私が所属した電気通信学園の二期生を中心に、それに反発した若手による管理者との闘いが始まっていきます。

私たち昭和一桁世代は敗戦までが軍国主義教育、その後は価値観が変わって民主主義教育を受けた世代で、教師の教え方が敗戦を境に一八〇度変わったことを目の当たりにしています。その中で、自分たちがどう生きるかを模索してきました。私たちにとって、「軍国主義から民主主義に変わったにしろ、自身が納得しないものは信じない」という価値観が確立されていくのですが、職場はそ

のような状態にはない。それがわかった段階で、どのように対応するのかを決める、この認識と行動様式は昭和一桁世代の特徴と思っています。

□独身寮での青年群像

私が入った寮は南刀根山寮といいます。豊中市の刀根山地区にある庄屋の建物を逓信省が借り受け、その母屋と離れが寮生の部屋になっていました。和風建築なので、奥の部屋を割り当てられると、寮生の寝場所を抜けないと自分の部屋にたどり着けない。そこには、レッドパージで首を切られた労働者が居座っていました。

彼が「面白いものを見せてやる」という。

何を見せてくれるのかと注目していると、おもむろに居間の畳を外した。その下には機械室が作られていて、共産党の非合法機関紙『平和と独立』のための印刷機、その横には火炎ビンの材料となる瓶などが並んでいた。

「お前はいい寮に入った。ここにいる限り豊中市役所は税金を取りに来ない」

とも言う。当時、税金は給与からの天引きではなかった。そんな時代に一種の治外法権的な空間だったわけです。

私が入学した中学（旧制）の二年（一九四七年）の時、新憲法が発布されたのですが社会科の教師Yは生徒に向かって

「この憲法はスルメのように、読めば読むほど味わいがある」

と教えた。

ところがわずか二年後の新制高校（和歌山の旧制中学と女学校が合併）二年の始め、教師Yは今度は猛烈な「アカ」批判を展開したのです。私は「前の教えをいつの間に変えたのか」と抗議した。するとと教師は生意気だとばかり私を殴りつけてきた。私も黙ってはいない。当然やり返した。「事件」となったわけです。教師は退学を要求したのだが、校長、教頭はなんとか穏便にすませたい。

「あの生徒は、五年から一年早く中学に入ったのだから、退学よりは一年間の休学ですませたい。履歴に傷がつくから」

と校長から教師はそう説得され、私は中学時代の恩師・木村幹次郎先生（和歌山勤評闘争では和高組書記長で免職され、撤回闘争に勝利・復職する）に相談し休学を受入、木村先生の勧めで休学期間中に電気通信学園へ通学することになったのです。

翌年の四月から大阪で新制高校へ復学しますが、その間、レッドパージで首になった連中や周辺の人々から、様々な話を聞きました。

寮生活のひとコマとして、次のようなことがありました。朝、食堂に行くと小さなコッペパンが三つある。それを食べていると、寮母さんが訊いてきた。

「あんた、昼と晩はどうするの」

三つのコッペパンは一日分の食料だったのだ。飢餓状態の寮生活でした。職場では労務加配米の配給があったので、それぞれが飯盒で自炊し食堂に集まり、食事をするという状態だったのです。

五一年三月には三期生が入ってきます。前年の一〇月に入局した二期生と三期生は五〇年三月に一緒の試験を受けていたのですが、それが二組に分かれて入局してきたわけです。当時、田辺市と和歌山市内で試験を受けたのは四五〇名、入学できたのは一三名ですから、相当な競争率を乗り越えてきた連中でした。この二期生、三期生の双方が五一年四月に揃います。

この中から私と小山鉄男君が高等学校に通うことになった。大阪・十三出身の小山君は、家が貧しかったので北野高校を辞めて北野高校定時制に移り、電電に来ました。小山君にしてみれば、旧制中学時代の同級生が新制の北野高校構内を肩で風を切り闊歩しているとき、学年トップだった自分は定時制高校に通う。悔しい思いだったろうと思う。そのうえ、「自分は夜、働くしかない」という現実が彼の前にはあった。

そこには当然、屈折した心理が働いていただろう。彼は、ストレートに社会問題に目を向けていくことになりました。

私の場合、一日の配分を考えると、夜は眠いので昼間の高校に通った方がいい。そう思って、昼間の高校に転校届を出したのですが、地元の豊中高校と池田高校は、「夜働いている生徒は受け入れられない。まして寮生は社会にまみれている」ということで入学を拒否された。

一六歳だった私は憤慨して大手前の府教委に出かけました。

「親がいなけりゃ自分が働いて学校へ行かざるを得ないではないか。それがなぜいけないんだ！新憲法の教育の機会平等とは、何なんだ」

そう言って大喧嘩をしました。

その様子をじっと見ていた人がいた。それが同志社香里高校の校長でした。府教委の建物を出ると、その校長から肩を叩かれました。

「うちの高校へ来たらよろしい」

私はビックリしたけれど答えました。

「金がないので私学などいけません」

するとその人はにっこり笑って言った。

「そんなことはどうでもなる」

そのあとどんなやりとりがあったかよく覚えていないが、結局私は同志社香里高校へ通うことになったわけです。あとで思い出すに、授業料は一回も払っていない。山田校長がポケットマネーで済ませてくれたのが後で分かりました。

このころ、私はまだ共産党とはつながっていません。なにせ共産党の組織は壊滅状態ですから入党するすべもない。そうなると従来の職場からではなく、違う形での影響を受けるケースがでます。私の場合は、レッドパージ後も寮に居座っていた共産党の連中から影響を受けたし、寮にはレッドパージを免れた外信部の党員が二人いました。そういう接触はあった。

定時制高校に入った連中は、そこの社研の影響を受けていました。

私はまた「平和の鳩」という通信を出していた民青高校生班グループ(7)に参加するようになった(一九五一年)。ただ、それが共産党系組織かどうかも知らなかった。その当時はそんなレベルでした。

□最末端での軍事闘争体験(8)

その頃、GHQの軍事無線局が大阪中電の屋上に設置され、そこには常に進駐軍と夜の女がいて、金網の中には放し飼いにされた五~六頭のシェパードが徘徊していました。

あるとき、別の独身寮である三国寮に呼び出された。そこには共産党のオルグらしき見知らぬ男がいた。

「朝鮮戦争に反対するために、屋上の軍事無線局を破壊する。その活動をお前らがやれ」

その場にいた五~六人を前にそう言った。全員が沈黙です。すると男は、旧軍のゴボウ剣を抜いてそれを畳に刺し、すごむわけです。

「革命のためにやるのか、やらないのか」

すると、二人が手を挙げた。

「分かりました、やります」

その場に二人の党員のいることが分かりました。

ところがそのあと、何も知らない私にも声がかかってきました。

「君は組織員ではない。それは承知している。だが、勤務は夜が専門だ。そこで頼みがある」

そう言って出してきたのが、白い粉末の入った封筒だった。

「一階から屋上に通じている電力ケーブルに、この白い粉を振りかけろ。そうするとケーブルが溶けて切断される」

男はそう説明した。私は引き受けました。そして言われた通りやってみたのですが、ケーブルは融けず、切断までには至らなかったのですが。

その場には、屋上の軍事無線局爆破の任務を命じられた部隊もいました。彼らはまず、犬を始末するため毒入りの肉団子を屋上に投げて、そのあとに石油を流し込み、最後に火炎ビンを投げ込むという段取りです。ところが犬が肉団子を食わない。それで失敗に終わりました。

私が遭遇した枚方事件と吹田事件(9)

おそらく、そうしたことで見込まれたのでしょう。枚方事件のとき、私は爆弾の運搬を手伝うことになります。

「渋皮で包んだ荷物を、京阪香里駅前にいる阪大の学生に渡してくれ」

そう頼まれた私は、通学途中にボストンバックに入れた荷物を相手に手渡しました。その後、夜一一時過ぎに寮に帰ってくると、荷物を渡した男が待ち構えていました。

「無事だったか」

男の説明で初めて、運んだ荷物が爆弾だと知ったわけです。

吹田事件と枚方事件を執筆した脇田憲一[10]さんは、枚方事件の爆弾の製作と運搬の経緯を知らなかったそうですが、運搬したのは私です。守口の高校生だった彼は、実行部隊援護のための見張り番だったのですが、逮捕されました。

後日、彼は「ブツを運んだのが捕まらなくて、見張りが捕まるのは不公平だ」と笑っていました。それでは誰が製作したのか。阪大と私の寮の間にあった国立大阪工業試験所の技官が作ったのではないか。そう考えた私は、ある出版記念会で元技官の砂場さんにお会いしたとき、率直に尋ねました。

「作ったのは私です」。

砂場さんはあっさりと認めました。試験所の課長も共産党員だったので、管理者を含めて爆弾製作に当たったそうです。

六月二四日夜から二五日にかけてが、吹田操車場事件になるわけです。私たち十数人の寮生は、阪大石橋山グラウンドの集会に行きました。当時、このような武装闘争の中心を担ったのは民族解放戦線（民戦）で、そこに大阪府学連の学生が加わっていました。真っ暗な闇の中でたき火をし、太鼓を叩かれると誰もが興奮します。真夜中の二時頃、石橋駅まで下りたデモ隊は阪急電車の車庫に押しかけ、人民電車を服部駅まで動かします。

この時、伊丹空港が襲われるという噂が飛んでいたため、アメリカ軍から委託を受けた武装警官、スペシャルポリスは伊丹空港に動員されています。電車を降りたデモ隊は、伊丹空港に行かずに吹田操車場に向かって山越えをするのですが、われわれのような高校生は電車を降りた時点で集められた。

「お前らはここまで」

といわれて帰宅させられました。朝鮮戦争の軍事輸送中止を掲げた吹田事件では、一名のデモ隊員が射殺されています。

□武装闘争時代の一光景

同時期のことですが、革命中国へ非合法で入国した社会党代議士の帆足計・高良とみの二人が扇町公園で訪中報告集会を開きました。この集会参加者が、大阪駅までのデモ行進中に機動隊とぶつかります。

建設中だった大阪駅前の第一ビルの現場には石や材木がある。それで武装したデモ隊は大阪駅東口占拠を目指して機動隊と衝突する。その現場を、夜の勤務を終わって帰宅途中のわれわれが目撃します。目前では、けがをしたデモ隊員を機動隊がトラックに放り投げていて、その中に頭から血を流している同僚の川上さんがいました。夜勤組のわれわれも、三〇～四〇人の隊列で抗議行動に加わります。

その時、在日朝鮮人である民戦の女性たちが「民族独立行動隊」の歌を歌いだしたのです。そうすると大阪駅前の民衆の輪が二重にも三重にも広がって駅前は人波に揺れ、そのまま曽根崎署に押しかけました。そのような状況が当時、あったのです。

その夜、川上君の部屋の整理をすると、油紙で包まれた品物の中から「球根栽培法」(11)が出てきたので、彼が党員でYのメンバーあることを初めて知りました。

もう一つ、党員でもない私がかかわった活動に、タイムレコーダーの破壊があります。封筒に入れて持ち込んだ砂を、タイムレコーダーの挿入口に注ぎ込むという簡単な行動です。昔のタイムレコーダーは時計とセットになっていたので、砂が入ると分解して修理せざるを得ない。一分でも遅れると遅刻扱いになるタイムレコーダーは、恨みの的の機械でした。その任務が、夜勤組の私たちに回ってきたわけです。

□中電の青年運動が始まる

このような状況が続く一方で、職場の若い部分は職場闘争を続けていくことになります。

当時はまだ、職場に党組織はありませんし、闘う組織もない。そうした中で何かをしようと思えば、自分たちで組織を作る以外にない。そこで、青年同志会という名称の「塊」を作りました。五〇年の年末から五一年にかけてのことです。その後、この組織が党細胞になります。五二年に入ると、民青から党へ変わっていくことになりました。

そうした事態になると、文化サークル活動の必要性を感じるようになります。当時、組織されたサークルには、文学、映画、労演、労音などがあり、続々と若い活動家が生まれてくる事態になりました。また、今まで二つに分かれていた全逓と全電通の組合が、党の指令だと思いますが、全電通の組合に一本化されることになります。

「それなら夜勤でも職場から支部委員に出られる」

ということで、五階の職場から私は支部委員になって管理者と喧嘩を始めました。こうして私は、五三年に正式に入党しました。四階では松葉誠一郎を中心に伊地智、倉田、藤田、村井、相田、北原らが、五階では前田、小山、岩見、坂井、伊藤、中村、佐川、柴田、古布、木本等々が活動を始め、職場では民同派の影響力が落ちていきます。

一階の受付職場では川口さんが頑張っていたため、転勤してきた山岸は支部委員にも出られなかったが、民同は対抗上、山岸を支部の執行委員に引張ります。

中電には多くの独身寮がありました。蛍池寮、刀根山寮、三國寮、淀寮、大仁寮、野崎寮、放出寮、それに結核療養所からの回復者の仁川寮、女子寮としての桜寮などです。寮の食事や居室の改善を求めて、各寮の寮生自治会が集まり全寮協議会を結成しました。会長には放出寮の樽井博治（後に藤川と姓が変わり、分会長となります）がなり、メーデー等では支部の隊列の中に全寮協議会の旗を立てて行進しました。

全寮協議会は反執行部の存在になる一方で、山岸章が支部の書記長になった。一九五三年メーデーでは、全寮協議会の隊列の先頭に「山岸を追放せよ」と大書したプラカードを放出寮の松葉誠一郎が担いで行進し、山岸と松葉によるプラカードの取合いになったこともありました。この時の青年たちが以後、中電細胞の中心となっていくのです。

□入党と非合法活動

五三年四月、私は同志社大学に入学します。学生運動との関わりは一一月に起きた荒神橋事件です。京大を出て立命館に向かうデモ隊が荒神橋まで来たときに、機動隊とぶつかって京大と立命の学友が鴨川に落ちる。それをめぐって京都府庁前で座り込むという事件があったのですが、私たち新聞学専攻生は、和田洋一教授や住谷申一教授が講義を中止して「抗議行動に移る」と呼びかけられ座込みに参加したのです。

私が入党したのはこの直後です。私は学生細胞ではなく、中電細胞に入りました。二回生の後半から住谷ゼミが始まり、岡山出身の難波郁夫は文学部自治会委員長から全学連中執に、三重出身の市川照道は新聞局から全学新（全国学生新聞連合）の委員長に、夜働く私は学内を中心にと社会学科委員長になるのですが、全員が党員で先生の立会いの中で割り振りが決まる。そんな雰囲気の学生生活と党活動でした。

この当時、放出寮の机の上に辞職願を出したまま失踪したのが、電気通信学園の一期生である高塚惟任です。その後、彼は中核自衛隊員だったことが分かりました。高塚は人民艦隊の一員として徳田球一[12]たちを中国に送り届けます。その時の彼の年齢は一八歳。高塚はその後、中国・瀋陽の農林大学を卒業、上海の人民公社に入って、最後は副主任になります。中国における彼の日本人仲間の中には、白鳥事件[13]の佐藤博などもいて、日本共産党の中国駐在組織「北京機関」の下に活動することになったようです。

このエピソードでもわかるとおり、当時の共産党は非合法活動を展開していました。そうした闘いの一つに山村工作隊がありますが、同志社では私が大阪中電細胞所属ということで山村工作隊を免れました。

翌年の五四年に中国紅十字会の李徳全代表が来日しましたが、右翼の襲撃がうわさされていました。

「お前は山村工作に行かないのだから、李徳全の特別警備を担当しろ」

と言われ、それから一週間、特別防衛隊員として随行しました。その時、驚いたのは、京都・大阪間の国道の側溝に一〇〇《メートル》間隔で防衛隊員が潜んでいたことです。主力部隊は民戦の在日朝鮮人たちでした。その防衛隊は、安全を確認すると手をあげる。私たちが乗ったバスからは、その手が次々と上がっていく光景がはっきりと見えて壮観でした。

第二章　激変する情勢──戦後史を画する時期

時代を語る ii　一九五五年

一九五六年、ソ連共産党第二〇回大会でフルシチョフによるスターリン批判が行われると、ポーランドのポズナン暴動・ハンガリー動乱が起きた。東欧民主化＝冷戦から〝雪どけ〟となるかに見えたが、ポーランドもハンガリーもソ連軍の介入で鎮圧された。一方、日本は朝鮮戦争特需を契機に経済の高度成長を達成し、「経済白書」（五六年）では「もはや戦後ではない」と謳われ流行語にもなった。五五年から総評の春闘が始まる。共産党は五五年の六全協で武装闘争から転換。またこの年に左右に分裂していた社会党が再統一を果たした。他方、保守の側も自由党・民主党が統一し自民党が誕生。九〇年代まで続く「五五年体制」が始まる。

□職場闘争の大幅な前進

私たちは職場で勤務別に班組織を作り、職場活動を進めていました。モールス通信を打つ作業中に、動きがままならなくなることがあります。私たちは「手崩れ」と呼んでいましたが、今でいう腱鞘《けんしょう》炎でしょう。手崩れが起こると、相手との通信が不能になります。どうしたらいいかを職場で検討した結果、休憩時間を取らなければならないという結論に達しました。この時、運動の中心だったのが前田尚彦[14]です。電信の職場には標準作業実施法があって、本来はそれに基づいて仕事をすることになっていますが、その通りにやったら仕事はスムーズに動かない。国鉄の安全基準とまったく同じ性格ですが、この実施法を職場闘争に利用しようということになったのです。

実施法のとおり仕事を進めると、あっという間に電報がたまりだす。それをめぐって管理者と大喧嘩になるが、

「実施法通りにやっている。何が悪いんだ」

と切り返す。

管理者に、前田尚彦は「標準作業実施法は、誰が決めたんや」と怒鳴り返した。

そのうち、管理者もわれわれの要求を聞かざるを得なくなります。五階の第二通信部では、一斉に三〇分仕事をしたならば三〇分休憩という〝一・一方式〟の休憩時間をとることになったのです。

しかし、この方式を電話託送や配達の職場まで広げて、獲得するまでには至りませんでした。そこで最終的には中電全体として、一日に全職場で一三〇分の休憩時間を取ることを協約化しました。八時間労働の中の二時間一〇分の休憩ですから大変な成果ですが、それを協約化するまでに職場活

動は進んでいきました。

□「共産党員の修養を論じる」が与えた影響

このような職場条件が取れた原因の一つには、活動家の育成がありました。当時、共産党の活動家が最初に読まされたのは、「共産党員の修養を論じる」(「修養を論じる」)という劉少奇[15]の整風文献[16]です。私も当時、生意気な男だったと思うのですが、活動家がこの本を読むと変わっていくわけです。

「党員は闘いの先頭に立たねばならないが、その場合も、大衆の意見を聞かなければならない」と説く「修養を論じる」は、

「われわれの要求が一〇であったとしても、職場会議で認められるのは一だけの場合は、それに従うべき。その要求を八まで、あるいは一〇にするのが党員の任務である」

との結論を導き出します。

これは、のちのちまで影響を与えました。生意気な活動家は職場で信用されない。信頼を得ようとするならば、職場のプライベートな問題の相談にも応じなければならない。そこまでやったので、何かあっても彼らに相談すれば解決してくれるという信頼関係を職場の中で作り出せた。そこから運動が発展していきます。

私は夜勤なので出勤は午後四時です。五階にいる私以外の青年労働者、中心は小山(鉄夫)君で

後に伊藤（修身）君が加わりますが、彼らに対して、「私の出勤以前に一回、管理者と喧嘩をしろ。理由は何でもいい」と方針を示しました。それくらいやらないと、職場の権力状況を変えることができなかったわけです。

もう一つの変化は、共産党の六全協の頃、中電細胞は相当な数の党員を擁していました。一方、五五年のこの頃から、合理化で従来のモールス通信から機械化による印刷通信へと変わるにつれ、モールス通信からタイプライターで打った通信テープ方式になり、電気通信学園ではモールス信号や電鍵を教えず、タイプライターのみを覚えるだけになりました。この段階で始めて中卒採用が終わり、高卒のみが採用され、職場に入ってきます。旧来の逓信講習所出身の労働者と異なるという語弊があるかもしれませんが、同じ新米といっても違うタイプがきたという感じです。その中の山根繁夫は京都の朱雀高校出身で、高校時代から社研活動の経験を持っていました。その後、入党や離党を経て労研に加わりますが、外部の影響を受けていた第一号だったようで、後に青年インターになります。

□同志社での学生運動のひとコマ

五五年になると広島で第一回原水禁大会が開かれますが、同志社大学社会学科委員長の私は中電の代表ではなくて同志社大学の代表団として病休を取って出席しました。その時、広島に向かう列

車宛に鉄道電信が入ります。同志社の細胞キャップ鈴木実治から私たち宛に、

「オヤジシス、サレドワレラゲンキ」

という電文ですが、その意味を理解できなかった。

広島について新聞を見ると、徳田球一の死が公表されたのが分かりました。

「オヤジシス」という表現は、当時の学生党員にとって徳田球一がそのような存在だったためなのか、それとも〝徳球死す〟と電報に書けなかっただけなのか、今となっては確かめようがありません。


この年の翌年、五六年にはハンガリー事件[17]が起きました。大阪の天王寺野音で関西学生決起集会が開かれ、集会後は定期代値上げ反対を掲げて大鉄局に押し掛けたのですが、この集会で初めて大阪外大の学生から声が上がった。

「ハンガリー事件に対して抗議の声をあげるべきだ」

私は京都府学連代表として、

「アメリカ帝国主義の陰謀的動きに対応するのではなく、様子を見るべきだ」

と発言しています。この点からも、当時の私たちの知識力のレベルがどの程度か、お分かりいただけると思います。

□千代田丸事件と党中央への不信の芽生え

電電公社では五六年から五七年にかけて、千代田丸事件が起こります。千代田丸は電電公社が所有する海底電信敷設船ですが、アメリカ軍の要請で九州・佐世保から韓国まで電信ケーブルを敷くことになりました。しかし、韓国側には李少晩ラインがあって、それを越えたら侵入と見なされます。千代田丸はこの時、李少晩ラインを越えようとして韓国海軍から砲撃を受ける事態となり、全電通本社支部の三役は、千代田丸分会に乗組員の出港をストップさせました。

この事件をめぐって、出港を止めた本社支部三役が当局から解雇処分を受けます。当時の本社支部は、共産党系細胞が組合を握っている最大拠点の一つです。東京における本社支部以外の共産党系拠点は東京中電、東京市外、新宿、三田などで民同系と半々の勢力ですが、全国的な影響力を持っていました。

この本社支部三役解雇問題は全国闘争になります。

「船を止めたのには妥当性があり、解雇となる理由がない」

とする解雇撤回闘争の始まりです。この時点で、関東の党細胞は解雇反対で動きますが、関西の党フラクは社共共闘の重視と民同との統一行動重視の観点から、解雇を認める方針を出します。

党内ではこの二つが対立すると同時に、職場レベルになると、

「解雇された本社支部三役の首を守らないとはなにごとだ」

と、われわれが大阪中電細胞指導部に反対する運動を繰り広げます。

職場ごとに解雇反対の決議を取り付け、支部委員会では「職場の声」として執行部提案を否決したのです。共産党は支部委員の多数を占めていたのですが、細胞指導部の方針も否認されたことになったのです。

□第一次電通労研の結成

当時、中電では昼夜合わせて四十数名が大学に通っていましたが、そのメンバーを軸に電通労働運動研究会（電通労研）を結成します。その時の中心メンバーに触れると、私が同志社、福富・石橋が大阪市大、西村が関大。福富、石橋、西村の三人は司法試験合格後、中電を辞めました。その後、裁判官になった福富は、大阪教育合同労組の東淀川「君が代」事件の担当になって私たちの前に登場します。

この時点で中電の共産党員は八〇名を超えていました。また、議決機関である支部委員会の三分の二は共産党員が占めていました。したがって、党決定があれば、本来なら従わなければならない。ところが電通労研が処分反対を主張し、各職場をオルグし職場決議によって支部方針反対が決まった。共産党にとっては、意外な結果でした。

これを見ていた党北地区委員会から、私は第一回目の査問を受けることになります。また、電通労研は分派行動であるとして解散指令が出され、不承不承、私たちは解散を承認しました。これが第一次労研の内容です。

□その頃、学生運動の現場では……

五七年になると私は同志社の大学院に進みます。その時、隣の課にいた青木（正義）が立命館大学に進学します。青木はこの時点で入党していたので、後に関西の第四インターの中心となる立命の星宮煥生に私が紹介したと思います。

私は当時、同志社の文学部内に活動家組織である木曜会を結成していて、これが歴代の同志社学友会委員長の出身母体になっていきます。共産党細胞をつぶした時の橋本一郎や次の委員長の高野澄は、木曜会と新聞会のグループです。中電細胞所属だった私は、同志社の細胞会議に出席するために、党の信任状を京都府委員会に提出しました。ところが府委員会の学対部長である沢村義夫（西京司・関西の第四インター創設者）が認めない。

「なぜだめなのか」

私が詰めよる。すると西さんは、

「所属している中電で活動しろ」

彼からすれば、学生運動にタッチさせるよりも中電の労働運動をもっとやれという意味だったのでしょう。最後は、信任状なしに同志社で勝手に動きました。

□山岸章――大きな魚を逃がした

後に連合会長となった山岸章[18]が五一年の半ばに富山から転勤してきます。富山支部の中で問題を起こしたらしく大阪中電支部に「当分、組合活動を遠慮させるよう」との申し伝えがあったようです。民同派の中でも隅に置かれていた彼が再度復活するのは、若手活動家への共産党の影響が浸透したことに対抗するため執行委員に登用されてからです。中電支部の委員長就任は五八年です。この時点で中電細胞は松葉誠一郎と柏木（輝子）の二人を執行部に入れます。そして、警職法反対闘争や日教組による勤評闘争(19)の一環である奈良闘争（道徳教育公聴会阻止闘争）に取り組むことになります。これらの闘いには全電通中央からも協力指令が出ていました。

そうした中で、中電細胞が強大になった結果として小山鉄夫が党に引き抜かれ、北地区常任として大阪駅地下街の赤旗販売所の担当になりました。松葉誠一郎（一九三五～一九九九年）と小山鉄夫（一九三四～?）の両人は京都電気通信学園三期生で五一年三月卒業の同級生。電話託送部と放出寮を基盤に活動を開始し、入党後ＬＣ（細胞指導部）に抜擢される。レッドパージ後の公然党員として中電執行部に当選。以後はＬＣとして産別フラクのメンバーとして活動した。

小山は文学サークル活動にも精力的に動き、詩作を中心としたが、党の要請を受けて中電を辞職。北地区委員会の専従となり、大阪駅地下街の「アカハタ」専売店で声をからし、日々の政治状況を語りながら販売活動をしていた。若手の三人としては以後、公私ともに付合うことになるが、小山は六〇年安保後、突然姿を見せず、失踪してしまった。

松葉は離党後、構造改革派として中電社研の中心となる。前田の結婚式（六三年）では、媒酌人・住谷申一教授夫妻、司会を難波（同志社）、師岡（大学院）、松葉（中電）でやる関係であったが、中電社研そのものが解体して民同派に移行、全電通大阪の主流となっていく。その過程で労研とは対立関係に入ることとなった。片山甚市の死去でお悔やみに行った松葉はその後、禁酒を宣告されていたにもかかわらず飲み始め、一週間後に死亡する。

問題なのは一一月四日の事態（警職法闘争でのスト）です。中電がスト拠点に指定されているにもかかわらず、支部委員長の山岸は、「中央に対してスト拠点の指令返上を提案したい」と言う。それに怒ったわれわれは、支部委員会で指令返上阻止、闘争突入を決議させます。〝スト拠点の指令返上〟が否決されたとたん、支部委員会は終了となり、執行部全員が労務の部屋に入って行きました。

われわれは「これはスト破りの相談だ」と判断し、夜に対策を練ることにしました。

その夜、扇町公園で開かれた大阪青学総決起集会で、

「全電通に不思議な動きがあるが、われわれはストライキに突入する。府学連の諸君は中電まで応援に来てほしい」

と私は要請しました。その時の大阪市職青年部事務局長が町田有三君（後に自治労副委員長）です。

デモ終了後、曽根崎新地通りの〝喫茶マヅラ〟に集まり、臨時闘争指令部（臨闘）を作り上げます。活動家に招集をかけて独身寮での宿泊体制を取り、朝、執行部が登場したら排除する。そのような体制を作り、府学連との連絡体制もとりました。

結果的にこの闘いは暁の中止指令がでて、ストライキ体制から外れることになりました。私の見方では、山岸は指令返上の後、組合をやめて当局側に行く道を取るつもりだったのではないか。ところがスト指令が中止となって、結果的に「スト指令返上・スト破り」のレッテルを貼られずにすみ、彼の労働運動での政治生命が伸びました。その後、彼による全電通の右傾化路線が全面化するわけで、私たちはとんでもない大きな魚を逃がしてしまったという思いが残ります。

□片山甚市の謝罪

ここで片山甚市について触れます。

これらの闘いの過程で、大阪中電と市外共通の共同委員会の席に、近畿地本委員長だった片山甚市がオルグに来ました。私が彼に向って経緯曖昧と抗議すると、

「トロツキストは出て行け」と怒鳴った。

「ふざけるな、お前に選ばれた支部委員ではない」

激しい応酬となり、大喧嘩になりました。

ところが翌日、夜勤で出勤すると職場の雰囲気が違う。

「何かあったのか」

と聞くと、昼間、片山甚市が中電にきて謝罪したという。

「皆様の職場から選ばれた前田支部委員に対して、私はトロツキストと呼び、出て行けと言いまし

た。これは私の誤りでした」

　そう言って私の課の組合員に頭を下げ、謝って歩いたというわけです。

□中電と立命館、分派状況下の共産党事情

　その事件の直後から第四インター系が増えたようで、青木が最初のメンバーだったらしいが、当時の私はまったく知りません。そのうち鍋野（市大・第四インター関西ビューロー）や黒田（大阪学大）がインターのオルグとして私の前に現れ、大阪にインターの活動家がいることを初めて知ったわけです。

　その時の印象から言うと、スターリンに負けたとはいえ、トロツキーも同じ世代の人間ではないか。新しいものを作るというなら、（スターリンやトロツキーを超えて）なぜ、イチから始めないのか。理論的レベルはともかく、そのような思いが強かったわけです。関西派独特の陰鬱なオルグに関しても、「鍋野たちはなぜ、このような辛気臭いオルグをするのか」と、私は生理的に受け付けなかったのです。

　その頃、私は立命の大学院の日本史に転籍していました。当時の同僚には、京大天皇行幸事件で京大を追放され立命の日本史に来た松浦怜、部落史の師岡佑行、考古学の田辺昭三、前島密の孫の前島不二夫などがいて、この四人が大学院細胞のキャップでした。前島と田辺は山村工作の経験者、師岡は尼崎の代用教員時代にＧＨＱに逮捕されています。後の話ですが六〇年安保闘争終結後、私

のペンネームである「大崎」の名前で立命の大学院細胞に査問状が来たとき、細胞委員である四人は「該当者なし」と回答、査問状を返上し私を防衛してくれました。（松浦を除く三人はすでにいずれも故人となっています）

私は大阪民科（民主主義科学者協会）の歴史部会にも入っています。歴史部会から阪大理学部教職員組合の歴史サークルにチューターとして派遣されますが、六一年の除名と同時にその任は解かれました。

第三章　六〇年安保闘争と共産党神話の崩壊、新左翼の誕生

時代を語るⅲ　一九六〇年

日本の将来像をめぐる六〇年安保闘争の敗北は、唯一の前衛党＝共産党という神話を解体させた。六〇年安保に先立つ一九五八年、共産党の綱領論争に端を発した分派闘争の結果として共産主義者同盟（ブント）が誕生し、これとは相対的に独立した形で第四インターなどの新左翼党派が生まれていた。一方、安保後の支配階級は「所得倍増」政策なるものを掲げ、経済の高度成長が進展していく。これは今日につづく大衆消費社会を生み出した。世界は相対的安定期を迎えたように見えたが、それを覆す芽がベトナムでの民族解放ゲリラ戦として育ち始める。

□共産党脱党と小説「断層地帯」をめぐって

安保前年の五九年のこの時期が、共産党との関係で一つの区切りとなります。まず、千代田丸で党と対立しました。さらに警職法闘争で闘争拠点返上の山岸提案が否決された直後、支部執行委員

が労務の部屋に入っていきましたが、その中に二人の共産党員執行委員も含まれていました。当然、党内で問題となりました。

「なぜ労務課に行って相談をしたのか。その場に労務課長も加わっていたのか」

私たちの質問に対して指導部は沈黙して答えません。しかも二人は指導部である細胞委員のメンバーです。私たちは松葉の家に集まり、労務の会議室で何を討議したのかを詰め寄りましたが答えません。奥さん（松葉妙子も仲間で党員）も怒りだし「あんた、何も言わんのは卑怯や」と泣きながら叫ぶ場面もありました。

これまでは中央委員会への不満という形を取っていましたが、これを契機に初めて、党の細胞内での対立になりました。そこから始まるのが、小林勝の小説「断層地帯」[20]を媒介とした前衛のあり方についての論争です。

「断層地帯」は小林の自伝的な作品です。早稲田の学生党員が軍事方針で闘って逮捕された。ところが釈放された直後の六全協で指導部が変わり、軍事方針に従ってきた党員たちの居場所がなくなった。そのような党員たちが最後に、

「党はおれたちが作るものであり、おれたちが党なのだ」

という結論にたどりつく。この結論を含めて、中電の党員の中で「断層地帯」への共感が広がっていきました。

「そうか、正しいかどうかは分からないが、自分たちが考えていることを止めるべきではないん

だ」

という意見が出てきました。これは先ほど触れた劉少奇の整風文献で学習した経験が、党細胞の生活の中で大きな位置を占めていたからだと思います。

□ブント結成とそのオルグ模様

当時、一六〇〇名の中電組合員の中での党員数は一二〇名で、組合機関紙、サークル機関紙などに投稿している組合員の九割は党員、この数は大変なものだったと思います。

一方で同志社で自分が入党させた学生党員たちの動きがおかしいと感じた私は、同志社大学の学友会委員長、橋本一郎に、

「最近、党の動きはどうなっている」

と尋ねると、

「同志社の共産党細胞を解散した」

と言います。

「解散した翌日、世の中が黄色くて明るく思えた」

というのが橋本の感想。

そこで、高野澄を呼び出すと、

「共産党をやめて、新しい組織を作りつつある」

と語り、数日後、彼は東大の古賀康正[21]を連れて大阪へオルグに現れました。その感想を、高野は後に次のように述べています。

「大阪らしいオルグだった。梅田・桜橋の喫茶店で磯辺巻きを食べながら話をしたが、普通なら酒を飲みつつのオルグになるところだ」

それはともかく、どれだけの論議をしたのか、私も同席していた中電の伊地智（和雄）も覚えていません。しかし、オルグにきた古賀はぼろぼろの服装で、履いている半長靴のつま先はパクっと割れているし、手は肉体労働者のようにごつごつしている。これが東大の学生かと思わせる雰囲気の古賀が伊地智の手を握り、

「ここまで来たら一緒にやりましょうよ」

というと、伊地智は「やります」と即答した。

私に対しても、「どうですか」と水を向ける。

私は「みんなと相談する」と即答を避けたのですが、高野が

「先輩、何とか腹をくくってほしい」

と言う。うーん、と唸ったあとで、

「入る」と返答しました。

私が共産主義者同盟に参加した事情はこのようなものでした。平和共存論や二段階革命をどう考えるかについての論議は党内でやっていましたが、実際のオルグではそのような理論的話は何もな

かった。私は、そのように記憶しています．ただし、この段階では共産党との二重加盟です。

□六〇年一月羽田闘争での決断

一九六〇年一月一六日、(22)大阪中電の青年行動隊（青行隊）が中心となって岸首相訪米阻止の代表団を結成、上京途中の車中のラジオは、全学連がすでに羽田空港内に突入していることを報じていました。

「よし、われわれもやるぞ」

と決意を固めていると、そのまま国労会館に連れて行かれて、一六日夕方の日比谷集会まで待機だという。「ふざけるな」と大喧嘩になったが、大教組の部隊の判断は素早かった。襷を外して姿を消してしまったのです。

大阪中電の代表団は、

「羽田に行くことを目的に上京したので、国労会館に待機しているわけにはいかない。羽田空港に出かける」

という論議を行いました。当時の民青副委員長の柴田君（委員長は後に社会党の国会議員になった上田卓三）は民青の襷を取り上げられ、母親連絡会のおばさんたちは、

「雨が降っているのに、羽田に行ったらだめ」

と脚にすがりつく。それらを振り切って、私たちは羽田空港に向かいました。

しかし、その時点になると空港内に入ることはできません。空港から排除された全学連の部隊と合体して機動隊とぶつかる。そうした行動を何回か繰り返しつつ、解散地点に向かったわけです。機動隊との衝突で「大阪中電青年行動隊」の旗が奪われ、次の集合地点へ向かう途次、ふと見ると大阪市大の武田信照君（後に愛知大学学長になる）が学生服で青年行動隊旗を担いでいた。彼が言うには、

「溝に投げられていたから、拾ってきた」

私たちは旗を受け取りました。

公園に集合した時、労働者はほかにも来ていたはずですが、労働組合として旗を掲げたのは大阪中電青行隊のみだった。全学連の部隊の中に大阪中電青行隊旗一本だけが翻るという状況です。旗を見て、三菱長崎造船(23)の二人が「他にも労働者がいたんだ」と喜んで握手をしましたが、これを契機に大阪中電と長崎造船の労働者の交流が始まるのです。

羽田闘争の終了後、われわれは意気揚々と大阪に帰ったのですが、そこには査問が待ち構えていました。査問されたメンバーの一人である大原栄慶君は「平和を守る会」の責任者でしたが、それを解任させられた後で除名されます。以後、彼はすごく悩んでいたのでしょう。友人たちに「私にとってソ連は祖国だったが、党を除名されたので祖国もなくなった」と語っていましたが、あるとき突然、失踪してしまう。手分けした捜索したがわからず、一年ほどたって国鉄山陽線土山駅周辺の森林で自殺した遺体が発見されたのです。さらに中電から党の常任

になった小山君も失踪、木本君というメンバーも失踪するなどの事件が相次いで起きました。

□京都の反安保デモ（六〇年）での出来事

六〇年安保闘争では五月から連日のように京都府学連のデモが行われ、高校生も参加するようになりました。府学連には加盟しない大学院生も京大・同志社・立命・大谷大学で院生協議会を結成しデモに参加していました。デモ指揮が立命の時、指揮者となった私はタスキをかけて市役所前で最後のジグザグデモ。府警の機動隊指揮者が叫んでいます。

「院生協議会のデモ、ジグザグを止めなさい！　指揮者逮捕！」

状況を察知した日本文学の宍戸庄司君が私に飛びついてきた。

「タスキをかせ、お前は夜仕事がある」

彼はあっという間に私からタスキを奪い、最終地点までいき、そこで逮捕されたのです。

福島出身の宍戸君は反戦学同（後、社学同となる）の関西の指導者で日共京都府委員会学対部長の沢村義雄との関係が深く、社学同には参加せずむしろ第四インター創設に参加したメンバーになります。奈良勤評闘争の時、全学連中執として関西にオルグとして来た東北大の今野求[24]は同郷の宍戸君の下宿に泊まり、沢村文書（一九五八年の共産党第七回大会に向け、京都府委員の沢村義雄（西京司）が発表したトロツキズムに基づく綱領的文書のこと）を手に入れ東北での第四インター創設に入ります。一方、インターの内紛に直面して組織を離れた宍戸君は、ブントの私が夜、大阪中電で働いていることを知っていたがゆえに、身代わりを引き受けてくれたのです。侠気ある男でした。

万葉言語を追求していた彼は結婚後、夫人の姓・遠藤を名乗るのですが七一年に沖縄国際大学に職を得て赴任します。万葉言葉と沖縄の古語がよく似ていると語っていましたが、消え去ろうとする伝承民話の再録に全島を駆け回り、七万余を採録し幾つかの賞を受けました。私が沖縄に訪れた時、運動関係者に、「遠藤君とは一緒にやっているのですか」と尋ねると皆さんは一様に怪訝な顔で言います。

「沖縄人がやれない民話を集めている学者として尊敬していますが、運動には加わっていませんよ」

彼の経験から政治にはタッチしたくないと判断していたのかもしれません。

「君はまだ政治活動や労働運動を続けているのか」

逆に私は遠藤君からこう言われてしまいました。

その一方、彼から渡った「沢村論文」は今野君の以後の活動の原点になります。そして彼は私とともに、労研センター・全労協結成に市川事務所[25]の代表として加わり、また、『労働情報』の事務局長を死ぬまで引き受けてもらったわけですから、輪廻とでも言える人間関係の紅い糸の不思議さを感じます。

□ブント全国労働者会議と中電査問事件

六一年一月一日、谷川雁たちによって「革命的労働者全国交流集会」が開かれます。正確には大正炭坑行動隊[26]、三池炭坑社研、長崎造船社研が呼びかけ、福岡で行われたわけです。（三池炭坑社研は協会派ではなくて共産党系。中心を担っていたのは九州大学出身の大坪康夫で、後に太田協会の責任者）。この集会には関西ブントから私と小川登が出席しましたが、西村卓司[27]と知り合うのはこの時からだったと思います。大阪からは中電の青木正義も参加。「彼は第四インターの代表として出席したな」と思ったわけです。他に、渥美新民主主義研究会の杉浦明平（一九一三〜二〇〇〇年、農民作家、綱領問題で一九六二年共産党除名）、労働運動研究所の長谷川浩さん（一九〇七〜一九八四年、元党労対部長、綱領問題で一九六一年共産党除名）もいました。この会議に関して谷川雁は「全国の党員に向けた訴え」を執筆し、通信として全国に発送されました。

後日談ですが、帰途、私は広島の八本松で下車し同志社時代の友人、水無瀬俊郎の家をたずねました。そこは原爆被災孤児の養護施設で二日間、友と語り合ったのですが、後に党からの除名理由の一つに「広島八本松で以後の活動を進めるための会議を開催し…」と書かれていたのには噴飯ものでした。

続いて二月二六日には京都で、共産同（ブント）全国労働者細胞代表者会議が開かれ、山崎衛、森田実[28]、高橋良彦、西村卓司、田川和夫、私などが集まりました。この時、森田実はブント再建のために港地区委員会と行動を共にしており、田川も港地区委員会のメンバーだったと思います。そして、この会議への出席が、私たちの除名の理由にもなっていきます。

その後、私に対する〝中電事件〟が起きます。大阪の府委員会と地区委員会が中電の周りを車で囲んで、私を拉致・査問しようとする事件です。それを伝えに来たのが北地区委員会の矢部という常任で、その後、彼も構改派として共産党から出ていきます。その矢部が、

「直ちに今から休暇を取ってくれ。党として査問したい」

と通告してきたのだ。その一方で、

「前田君、逃げろ。いま、この周辺を車二〇台ほどで固めていて、大変なことになる」

というわけです。

その間に、中電の細胞員と拉致部隊との間で喧嘩が始まりました。そこで私は局の中に戻り、大阪市大の柳田と武田、京大に連絡をいれた結果、中電に防衛隊が派遣されることになりました。その夜、一〇人の学生が私を迎えにきて、それから一週間、市大の寮にかくまわれたわけです。この問題が起きた結果、私や青木などの運動に批判的だった他の中電党員たちも、腹をくくることになりました。私を査問しようとした北地区の大森誠人や矢部・松葉等もあとで構造改革派として脱党・除名となるのですから。

京都、松ヶ崎の住谷教授宅に公安調査庁から「前田への人権侵害行為は無かったか」との調査が入りました。その当時、私の自宅は住谷宅として届けていたからです。

「アカハタ」紙上で除名発表、電通労研結成

ただし大阪中電と鶴造や長船、港地区委員会とは対応が異なります。鶴造、長船、港地区委員会は文書で離党声明を出しますが、大阪中電はそのような対応をとりませんでした。中電は内部が一本化しているわけではありません。私は個人で離党に至る声明を書き、青木や伊藤修身もそれぞれ個人で離党声明を出したのではないかと思います。

われわれ三人に対して共産党中央は四月二八日、「アカハタ」紙上で除名を発表しました。当時、学生党員は別として、生産点で働く労働者党員の除名はペンネームで発表されるのが一般的でしたが、異例なことにこの三人に対する除名は本名で掲載されたのです。

その後、中電の細胞メンバーは各自が順次、離党届を提出し、結果として細胞は解体に追い込まれました。解散時の中電細胞は一二〇名を超えていたと思われますので、重要な経営拠点細胞が解体したことになります。

この時の細胞メンバーにはその後、失踪して行方不明となった木本以外に青木、伊藤、木村保博、山根などがいます（そのほかのメンバーは、名前を伏せます）。木村君は入党が遅くて五八～五九年頃。彼は扇町商業の二部を出た後、外大入学を志していましたが、その後、進学をあきらめて入党、それからあまり時期を経ないで第四インターのメンバーになったのではないかと思います。

細胞解散後の中電内部は、旧細胞指導部を中心としたグループとブント系、第四インター系などに分かれていて、みんな意見が異なります。したがって社研結成を軸とした前衛党形成という路線

での一致はできません。しかし、われわれが責任を持てる分野、すなわち労働運動では共同していこうということで電通労働運動研究会（第二次労研）が結成されました。ブント系、第四インター系を中心に、元党員、それ以外のメンバーを含めた結集による運動展開です。

□中電以外の各地の状況

ところが中電以外の各地の全電通内は様子が異なります。東京労研、神戸中電、徳島、三重、名古屋などが全国労研として活動を展開しましたが、いずれもブント系です。また、福岡、仙台中電、北海道・北見などからも連絡がありました。

東京労研は港地区委員会傘下の全電通東京西南支部と本社支部が中心で地区労の事務局長の高橋良彦（後に松本礼二と名乗り、ブント統一委員会や情況派のリーダー）や新宿局の桜井優貴雄がいました。夕張出身で法政大の二部生の彼は、夜学連最後の委員長として五八年に解散、全学連に合流します。桜井がこんな話をしてくれた。

「敗戦の八月一五日、おれは小学校二年だったが、夕張炭鉱では多くの朝鮮人や中国人捕虜が奴隷のように働かされていた。常に憲兵や特高が鞭で恫喝していて、子ども心に酷いことをすると思っていた。八月十五日の夕方になると、憲兵や警察が逃げていなくなる。その晩、朝鮮人は劇場に集まり集会を開いた。一方、中国人捕虜は二つの集会を開いた。一つは国民党支持者で、もう一つは八路軍支持者の集会。連行され、暴力下の奴隷状況から抜け出た時点での思想性を持った行動だ。

あの時は驚いただけだったが、今のおれの立場からすると、凄いという一言に尽きる」

私はこんな受け答えをした記憶がある。

「凄いね、だけど一八年獄中にいて釈放された徳田球一が、ＧＨＱの前で、解放軍万歳と言ったという話もあるな。徳球はすぐ方針を変えるけど、釈放がＧＨＱだったとしたら直後にはその気持ちになるのも判るような気もする。中国人捕虜との対比で自分だったらどうするかと言われると悩むね」

東京労研の高橋と桜井は、西南支部も手を焼く弁舌の持主とのことで、労研が大阪から一挙に全国化するのも二人の影響が大きかったといえます。

大阪中電では元々社会党系の活動家だった井関扶君が労研に入ってきます。彼の印刷技術、とくにガリ切りは見事な腕前で、彼抜きの機関紙やビラ作成は考えられないといってよく、宣伝活動の広がりは彼の功績のよるところが大でした。

□関西での新しい党形成へ

一方、六三年には共産党による同志社学友会襲撃事件があり、田所委員長が重傷を負って入院する事態が発生します。そして、入院中の田所は、警察の事情聴取に対して証言拒否をしました。当時のわれわれの間には、左翼内部の問題は左翼同士でけりをつけるべきであり、権力に言うべきことではないというモラルがありました。ところが田所は被害者であるのに証言拒否罪で有罪になったのです。こうしたことから、小児科医の松田道雄(29)など、京都の良心的なインテリゲンチャが共産党シンパの立場から離れていく結果となりました。

同志社の学生運動では、それまでの指導部の佐藤浩一と仲尾宏は生協に、畑中清博は労働省に、高野澄は大学院にはいり、学内は中島鎮夫（筆名・田原芳）が最高責任者として対応にあたっていました。学生民青は京大でも実力行使の気配があり、不穏な雰囲気が学内に漂っていました。その時、共産党同志社細胞からの会見の申入れがあり、仲尾・中島が相談して私に出向いてほしいと依頼されたのです。

指定の場所に来たのは経済学部の西村割通助教授。学部時代から面識もあり、住谷先生とも親しい関係だったから双方が驚いたわけです。とにかく事を収めたいとの要請があり、先方の条件は「同志社生協から二人の指導者を外してほしい」、「それなら教職員細胞は学生を抑えるし、学友会は君らに任せる」とのこと。

しかし「虫が良すぎる。暴力事件は当方が起こしたのではない。左翼内の問題は左翼内でケリをつけるという左翼の仁義を田所は守り、有罪を甘んじて受けた。そのことを考えろ」と反論し、結論は出なかったが一応収まることになった。

他方、東京では、六・一五の後、ブント内部からはプロ通派、革通派など、いろいろな分派の動きが出てきました。しかし関西では労働者部隊が大きな影響力を持っていたこともあって、東京のように分裂しませんでした。

東京でブントの解体、分派闘争が始まりかけていた時期、労働者対策をやりかけていた四人、すなわち一時農林省に籍を置いた陶山、長船の西村、九学連書記長だった大坪と私は、神田駅内のエリーゼであい、今後のことについて語り合いました。陶山は「おれは全国委員会に行く、絶対乗っ取ってみせる」といい、大坪は「九州に帰る」（九大社会問題研究所を作り、社会党大田派に入り、大田派の最高指導者になる）、西村は「三菱長崎造船に戻る」（直ちに長船社研を組織する）、私は「関西でブントを再建する」と語って別れたが、四人で会うのはこれが最後だった。

この時期の関西におけるブントの労働者党員のほとんどは、共産党を脱党した人たちです。彼らはみな、共産党の神格化された前衛観との決別をどうするかで非常に苦しみました。例えば小林勝の小説「断層地帯」を読んだ順に脱党の腹を決めたということが、事実としてあったわけです。

徳球も獄中一八年を経て長い闘争をしているのに、われわれがこれから作る組織が、一回や二回の闘争、一～二年の経験で終わるとはだれも考えていない。もう一度、イチから作り直すと決意しているわけです。関西では今泉、小川、北小路だけが革共同に行くという経緯をとりましたが、それ以外の部分は当時のイデオローグであった佐藤浩一を中心に京大の佐野・浅田・渥美、京都府立医大の木村らとブントに残る結果となりました。

その後の展開過程では、労働運動と学生運動を担っている部分との間に運動観、組織観の食い違いが大きく出てくることになりますが、六〇年代前半の時点では関西のそのような組織のあり方から、六四年の関西労働者協会に結実することになります。

同協会は大阪、京都、神戸に関西労働者学園を開設、学園長には藤本進治[30]、事務局に坂上孝、滝田修、岡崎幹朗たち、顧問として奈良本辰也[31]、岡本清一[32]、住谷申一[33]、和田洋一[34]足利末夫（京大）などが名を連ねました。また、文学コースについては小説家の小松左京[35]、劇作家の福田善之[36]などが協力してくれました。

このような人々が集まったのは、田所事件の結果です。インテリゲンチャによる左翼への援助対象を、共産党以外にも広げることになったのだと思います。

六〇年安保闘争を契機とする共産党からの離脱とその過程で明確となったものの一つは、共産党の前衛としての神話が崩れたことです。しかもそれが大衆的に明らかになりました。樺美智子さんが亡くなった後の大阪のデモでは、群衆の中から共産党の隊列に向けて、

「香典ドロボー！」

という罵声が浴びせられました。中国から樺美智子に贈られた香典を、共産党が横取りしたことに対する大衆的な批判でした。

第四章　ベトナム反戦運動の広がりの中で

時代を語る ⅳ　一九六五年

一九五九年一月、キューバ革命は勝利したが、その後、アメリカの侵攻の脅威は六〇年代全般にわたって現実化した。南ベトナムの解放と民族の統一を目指す闘争は六〇年代とともに進展していった。アメリカは南ベトナムに露骨に介入し北爆を激化させることで解放闘争を粉砕しようとした。だが、アメリカ国内では学生主体のベトナム反戦運動が始まった。日本では「ベトナムに平和を市民連合」（べ平連）・反戦青年委員会が各地で登場し、新左翼的反戦運動が本格化していった。他方、六五年、日韓条約が締結されるにともない、反対闘争が盛り上がった。国内経済では合理化強行による労使の矛盾も深刻になっていった。

□節目となった六四年の全国労働者学生集会

次の節目は一九六四年の「日韓・改憲阻止・反戦全国労働者学生集会」です。当時の原水禁運動は中国の核実験をめぐって原水禁と原水協に分裂、これをめぐって新左翼はどのような対応を取るのかが問題となりました。そこで新左翼の各潮流が集まって、反戦と反原爆の集会を開くことになったわけです。課題としては日韓会談反対と改憲阻止のスローガンを掲げつつ、反戦全国労働者学生集会を大阪・大手前国民会館で開催しました。

党派として参加したのは関西共産同、共産同ML派、革共同中核派、革共同革マル派、第四インターで、それに長船社研と電通労研が加わります。私は主催者の一員だったので準備会から参加していますが、会館では兄弟である中核派の陶山健一と革マル派の森茂の対立が印象的でした。陶山の演説、沢村の演説は動と静の感があり、動労田端の松崎明も革マル派として発言しました。私が松崎と遭遇したのはこの時だけで、動労にもこのような若い活動家がいるのかという感想を持ったことを覚えています。私はこの時、すでに全電通中電支部の執行委員であり、総評北大阪地協で常任幹事をやっていて、林大鳳(37)さん（後の動労委員長）と一緒に活動していました。林大鳳さん以外の動労役員として、初めて松崎の顔を見たわけですが、一言も話を交わした覚えはありません。実は、革マルと中核の学生の中で暴力ざたがあったのも知りませんでした。陶山・鈴木の兄弟が対立関係だったのを目にして驚いたものです。

関西で学生運動から労働運動に関わってきたのが、京大生の宮本君と浦野正彦君。彼らは十三に作られた平等社（ブント大阪事務所）に寝泊まりし、朝は大阪中電へのビラいれ、そのあとはオルグ活動をやり、大阪市大・都風寮の大森昌也君が梅田新道で坐り込みを始める行動が起こされるようになります。

□六〇年代中葉の中電内活動家集団の分布図

ここで、六〇年代半ばにおける大阪中電内部の活動家集団について触れると、中電労研、中電社青同、中電社研、中電社会党の四グループがありましたが、中電労研については今までお話ししたとおりです。

次に中電社青同について説明します。五五年から電電公社の雇用のあり方が変わりましたが、それは活動家の構成にも大きな変化をもたらしました。一九六五年になると同志社大学から安本雅一が中電支部の書記局に入り、社青同づくりを始めます。彼をなぜ電通労研に入れなかったのか。今回、振り返って考えてみると、われわれに対する若手からの口では言えない違和感があったのではないかと思い至りました。

若手だけを集めた方が活動家集団を作りやすいと安本たちは考えたのではないか。その結果、講習所の流れを引き継ぐ電気通信学園出身者ではない高卒出身者、彼らはタイプライターとオートバイの技能だけを持っていれば通用したので、そのような層を中心に社青同を作っていったわけです。社青同メンバー数もたちまち、二〇名を越えました。その軸となったのが佐渡、桑畑、河野、大前たちで、中電マッセンストの中心メンバーとなります。

彼らを〝北風派〟と呼んでいましたが、北風派は大阪の社青同の中でも異色の存在でした。第四インターから「主体と変革」派（前身は社青同構造改革派）に移行した社青同大阪地本書記長の鍵山勲男君は、後に全大阪反戦の事務局長になりますが、彼らの中からも異端・異分子として見られていました。彼らがなぜ〝北風派〟と呼ばれたかについては諸説があって、一九六〇年の社青同創立時の初代委員長・西風勲（一九二六年～　大阪出身で後に衆議院議員一期）に対抗・風刺して命名されたとも、北大阪に新風を吹かせるためとも言われていました。

中電社研は元共産党の構造改革派を中心とした集まりです。それ以外に、社会党の生き残りも存在していました。

この四つ、すなわち中電労研と中電社青同、中電社研（後に社会党に合流、近畿民同派の中心となります）、中電社会党は電信共闘会議を結成し、日韓会談粉砕・ベトコン支持・原潜寄港阻止などの政治課題を担うことになったわけです。

玉造駅事件の顛末

同じころに、玉造駅事件が起きます。春闘時（一九六六年）の国労ストで森の宮電車区から発車する電車を止めるため、責任者の私は作業服姿の中電の労働者二五〇名を連れて森の宮に向かいました。しかし、森の宮で電車を止められず次の玉造駅で車内の非常コック全部を開け放して止めることになり、その現場で六人（二名は日逓労働者）が逮捕。逮捕された中電の四人が知っている組合指導者の名前は私だけだったので、その後、私が指導責任を問われて自宅逮捕されました。

事後逮捕なので私は当然、解雇を覚悟しました。当時の全電通近畿地本の委員長は片山甚市です。その時、全電通近畿地本は、

「春闘での解雇者は、その組合が定年まで抱えなくてはならない。しかし、前田のような反対派を抱えたくない」

と考えたのでしょう。中電支部長だった岡本知明に、

「お前が責任を取れ。その後は面倒を見る」

と引導を渡し、大阪府警と取引をしたわけです。逮捕された組合員の調書に出てくる名前は私だけなのに私は不起訴、岡本が起訴された顛末を見ると、それ以外に考えられません。

逮捕されて浪速署に連れて行かれたのですが、そこに天満署と曽根崎署の署長が現われて、「ようやくお前を逮捕できた」と喜んでいた記憶があります。

デモがあるたびに、

「指揮者の前田君と鍵山君、直ちに違法デモはやめなさい」

といつも言われていたので、彼らにすれば偽らざる真情だったと思われます。

浪速署のブタ箱では面白い経験をしました。逮捕から二日目に来た検事は私の顔を見るなり口を押さえて飛び出して行きました。なんと立命大学院時代の法学研究科の院生だったのです。半日後、代わりに担当としてきた横田検事が開口一番、

「完全黙秘らしいな、君は同志社か。年齢からすると巨人の青木や国松と同じ学年か」

とたずねました。三回生の時に巨人に引き抜かれた二人に対して、怒った野球部はOB会も含めて除名する騒ぎになった事件があったので、

「同学年だった」

と答えるとしばらく席をはずして確認したようで、

「君は読売新聞の市川を知っているのか」と聞きます。

「うん、学生時代の親友や」

と答えると、

「市川から差入れのコーヒーが来ている」

と笑っています。なんと席をはずして飛び出していった検事は、読売の市川に電話をかけ確認したらしい。市川は驚いて「コーヒーを前田に飲ませろ」と迫ったとのこと。

彼らはそれぞれが新米の時に山口支局勤務と山口地裁勤務で仲がよかった。そんな縁で、検事は市川に生まれた男の子を「修身」と名付けたそうです。私は市川の最初の娘に「夏紀」と名付けましたから、私と検事は、親友市川の子どもの名付け親同士だったことになる。その両者が取調べで向かい合うことになったわけです。世の輪廻とはこういうことかと感じ入ったことでした。

□ブント活動家の労働運動配置

一九六五年のILO批准による在籍専従廃止に対応して、官公労を始めとする労働組合に専従書

記を雇用する動きがあり、以前から反日共系の組合専従を雇用していた全電通近畿地本委員長、片山甚市の好みもあったのでしょう。このころから同地本を中心とする書記局に、学生運動出身の活動家を採用するようになります。

ブント系からは同志社大の安本雅一（中電支部）、藤野興一（中支部）、福富健（中支部）、大塚彰（大阪地方支部）の諸君、市大の芹生琢也（近畿地本）君、統社同系からは関学の木村君、水野博達君、主体と変革派から緑川君などのメンバーです。同志社から来た四名は、田所の一級上の世代で、藤野が学友会委員長、安本が文自書記長、福富が法自委員長、大塚は神学部の活動家。田所事件の事後処理をになったメンバーであり、芹生は市大全学自治会委員長でした。それ以外にも国労に市大の大森昌也君（現・有機農業のアース農場経営）、私鉄の南海には同大の田中正治君、繊維労連にも堀清明君という具合です。

書記局への配置以外でも広告労協、損保、交通公社、旭屋書店、私鉄阪急、教組、労音、労演、市職、全逓などでブント系は労働運動への手がかりをつかんでいきます。とくに力を入れたのが広告関係です。当時、広告は成長産業だったので、学生運動で問題を引き起こした活動家でも就職が可能でした。第一広告や電通、共和広告、萬年社の組合をブント系が握る。その結果、広告労協の三役はブント系が占めることになりました。

このような活動の中心を担ったのは、主要に大阪市大と同志社大の学生運動出身者たちです。彼らは自由闊達、臨機応変にオルグ活動を展開していたので、労働運動におけるブント系の伸長は急速であり、「千人の労働者メンバーも夢ではない」と思わせるような勢いがありました。

□動き始めた反戦青年委員会

佐野茂樹と私は、ベトナム反戦とベトコン支援を明確にした行動を起こそうということになり、梅田新道の北西角にある国道一号と二号線の分岐標識に「ベトナム人民支援戦線」の旗を飾り、支援カンパ箱を置いて、順次、学生たちが座り込みを始めました。

一番多く座り込んだのは大森昌也君です。新聞にも取り上げられ、話しかける人、カンパを入れる人が続き、その中に関西主婦連副会長の片岡益さんがいました。女史はすごく関心を持たれ、以後、私たちとの交流が始まることになるのです。

六〇年代後半から七〇年代初頭にかけて、多くの青年労働者がかかわった反戦青年委員会の大阪での出発は、六五年九月の全大阪反戦青年委員会の結成であり、全国と同様、中心を担ったのは大阪地評青年部と社青同、各単組青年部でした。そして翌六六年の一〇月には北大阪反戦青年委員会が結成されますが、その中軸を大きく伸長し始めたブント系の青年労働者たちが担いました。

この当時、電信共闘会議と北大阪反戦が行った活動の一つに、大阪で初のゲバラ追悼集会があります。この集会には関西主婦連副会長の片岡益さんが紹介の労を取ってくれ、山本真喜子（山本権兵衛元首相の孫娘・学習院出身）さんの働きで在日キューバ大使も出席。その縁で七〇年の大阪万博では、キューバ館の展示等一切を委託され、北大阪の活動家が館を支えるボランティアとして活動することにもなりました。

これも後日談になりますが、収監がきまり西宮に帰ってきた藤本敏夫（同志社大学新聞専攻の後輩）がブント系各派のオルグ対象となり困惑して、中島鎮夫と私の所に相談に来たので、山本真喜子さんに頼んで、東京・青山の中南米音楽研究所で収監まで引受けて貰うことになりました。加藤登紀子との関係が深くなるのはその時期だったようです。

第五章　日大・東大全共闘と中電マッセンスト

時代を語る❺　一九六八〜六九年

一九六八年から七〇年にかけて、世界的規模で若者たちの「反乱」がつづいた。一九六八年一月のベトナム民族解放戦線テト攻勢。ベトナム反戦運動はアメリカ国内外に広がり、黒人公民権運動はかつてない盛り上がりを示した。ヨーロッパではパリ五月革命、ドイツの学生反乱に呼応するように、東欧でもプラハの春。世界的規模で広がる民衆運動に呼応して日本では日大・東大で全共闘が結成され学内民主化を目指してバリケードストに突入。新左翼各派は六九年一月、大阪中電・国鉄田町電車区・都庁での一〇・二一統一ストで合意。力量不足で統一ストが中止になると大阪中電ブント有志はマッセンストに突入。新左翼労働運動最大の高揚と挫折を体現した。

□反戦青年委員会の時代

全電通の反戦青年委員会運動を語る場合、大阪地方支部（組合員三〇〇〇名）青年部の処分撤回

闘争（われわれは当時「パルチザン闘争」と呼んだ）、エンタープライズ阻止闘争、関西地区反戦連絡会議の結成という流れを抜きにはあり得ません。

全電通大阪地方支部は中電、市外局等の市内の電報電話局を除く、大阪市をドーナッツ型に取り巻く大坂府下全域の電報電話局を統括する支部です。千名を超す戦闘的反戦労働者部隊を結集した関西地区反戦連絡会議の形成にはこの支部の青年部を中心とした活動の広がりが大きくかかわっています。

国際的なベトナム反戦闘争の高まりの中で、六五年四月二〇、二三日の全電通半日ストに対する処分撤回のパルチザン闘争展開や、六八年一月のエンタープライズ阻止闘争を戦う中で三〇〇〇名の大阪地方支部は青年部を中心に各地区反戦の拠点として大きく成長しました。大阪府下のすべての電報電話局の分会青年部が他の公労協、民間、党派活動家と連携して各地区の反戦青年委員会を組織したのです。

六八年一月のエンタープライズ阻止闘争では佐世保市外電話局分会に頼んで出撃の拠点を確保、配達組合員より電電のマーク入のヘルメットを借用し、ヘルメットをかぶって三派全学連と共に激しく機動隊と衝突しました。この時の闘争記録集のタイトルは「労働者もヘルメットをかぶった」となっています。

六八年一〇・二一御堂筋デモに赤ヘルメットの関西地区反戦の数百のデモ隊を組織し、六九年一月の東大安田講堂攻防戦には電通反戦の旗を掲げて安田講堂籠城に加わったのです。大阪地方支部は六七年九月の臨時支部大会で、これらの動きを容認できる新しい執行体制を組むまでになりました。六九年末、公社当局と近畿地本は大阪地方通信部・大阪地方支部をドーナッツ型から放射線状に解体再編の方針を出し、大阪地方支部は旧来の大阪市内中支部、南支部などに解体されたのです。兵庫や京都の地区反戦も加わり、六八年五月のフランス五月革命をイメージして、関西地区反戦の労働者は京大や同志社などにオルグに出かけ、六九年中電マッセンストでは、この交流から大阪への大量の自主動員がなされるのです。（この項文責・藤野興一）

□ブントの労組書記が大阪地評青年部に

六八年に入ると原子力空母エンタープライズ寄港阻止闘争や神戸アメリカ領事館抗議闘争が展開されますが、佐世保での現地闘争では、私と鍵山が大阪の部隊の総指揮でした。機動隊に踏みつけられた長崎造船の旗を拾って長崎まで届け、西村卓司さんをはじめとする長船社研のメンバーが恐縮しぬくというエピソードもありました。この時、労働者部隊が初めて、ヘルメットを着用しました。私どもは佐世保電報電話局の配達用ヘルメットを借りたのが真相ですが。

同年六月のアスパック粉砕関西学生統一行動における御堂筋制圧デモでは、学生と機動隊の激突でけが人が続出しました。この時はすでに深夜だったので、中電の宿直用寝室に負傷した約五〇人の学生を運び込んで、医療手当をしたこともあります。この件は後に局側が知るところとなり、問題となりました。

また八月には大阪厚生年金会館で国際反戦関西集会が開かれ、日本共産党解放戦線、共産同関西地方委員会、社青同解放派、社青同国際主義派、第四インター日本支部、毛沢東思想学院、社学同ＭＬ派、関西地区反戦連絡会議、ベトナム反戦行動委員会などの党派、グループ、団体が参加。電通労働運動研究会もその一員として名を連ねています。

この時期になると、大阪総評青年部長が空席となります。なり手がいないのです。そこで、全電通近畿地本から書記の福富健を青年部副部長に送り込むという異例の事態が生まれました。

□中電マッセンストに向かって全国労働運動左翼活動家会議

一九六九年一月一七日、電通労研・長船社研主催で全国労働運動左翼活動者会議が開かれます。開催場所は宝塚の毛沢東思想学院ですが、会場設定には同学院理事長である大塚有章さんの強い思いが働いていました。

この会議は労働運動左翼活動者会議という名称ですが、実際に参加したのは新左翼全党派の代表です。ただし、陶山健一[38]の要請だったと思いますが、革マル派だけは除外されていました。参加した党派代表は松本礼二（ブント）、樋口篤三[39]、陶山健一（中核派）、荒川亘（社会主義労働者同盟）、いいだもも[40]、今野求（第四インター）、菊永望（阪神共産主義者協議会）、竹内毅（ブント）、高田麦（フロント）と西村卓司（長船社研）、前田裕晤（電通労研）などで実務・防衛のために伊藤、木村も中電から出ています。後の六派共闘の基盤になります。また、この場の決議として、安田講堂に籠城、闘争中の全共闘に激励電報を打っています。

この会議で電通労研は、七〇年安保闘争は労働者が先頭に立つべきであるという趣旨の提案を行いましたが、その内容は次のようなものです。

「六〇年安保闘争は学生が先頭に立ったが、七〇年の闘争は労働者が前に出るべきである。関西は大阪中電が実力ストライキに決起するので、引き続き国鉄戦線と自治体戦線が立ち上がることで、労働者の闘いを全国化しようではないか」と。

この提案に対して、樋口さんが東京の自治体戦線のオルグ、陶山が国鉄戦線のオルグを引き受けたと記憶しています。したがって、六九年の一〇・二一大阪中電マッセンストに至る動きは、一党派単独の闘いではなくて、新左翼全党派による共同闘争の一環として考えられた戦術だったのです。ただ、この段階では「マッセンスト」の用語は使われていません。

私たちはこの会議の決定を受けて、中電労研メンバー全員の借金の有無を含む身の振り方の対応策を考えた行動を開始します。ストライキに突入すれば全員解雇が目に見えていたので、後顧の憂いをなくすためにはそこまでの対応が必要と思ったからです。いま、思想運動で活動している中村勉君が責任者となって、一人ひとりの借金状態を調べ、労金などへの返済計画を立て始めました。

□共同行動としてのスト中止とブント内対立の激化

ところが三月に入って急きょ、私は東京で開かれた左翼代表者会議に呼び出されました。会場は四谷（有楽町だったかも）の喫茶店ルノアールの会議室だったように思います。そこで樋口、陶山の二人は、中電に続いて国鉄と都職労が一〇月二一日にストライキ突入という一月決定の実行は無理だと言い出しました。そして、会議全体の意思として、

「大阪中電の単独決起は、新左翼の虎の子部隊壊滅を意味するから、待ってほしい。方針をもう一度考え直そう」

ということになった。すなわち、この場で一〇・二一単独スト決起は中止という方針転換が正式に決まったわけです。そして、帰阪して私が報告した内容は、ブントも電通労研も了承しました。

ところが、七月六日に赤軍派の塩見孝也たちによる共産同（ブント）の仏徳二議長襲撃事件が起き、仏は負傷して警察病院に入院します。この時、関西の政治局メンバーが集まって、「これで関西ブントとしての政治生命は終わった。この結果について、何らかの政治責任は取らなければならない」という確認をして、関西の主要メンバーは政治局から外れることになりました。したがって私は政治局を離れ、その後の政治局会議には出ていません。

しかし、実際に政治局会議に出席しなかったのは私だけだったようです。真相は今でもよく分かりませんが、大衆運動主義者ということで私が組織から敬遠されたのかもしれません。直後の、関西の政治局では、

「政治責任を取るために中電を戦場として討ち死にをする」

という方針が決定されます。

マッセンストライキという言葉についてですが、従来も〝一斉決起戦術〟の表現として使用していたものの、その範囲を出るものではありませんでした。しかし、この政治局決定の時期から、マッセンという言葉が前面に出てきます。

さて、ここから、

「ブントの内部問題がいかに深刻であろうと、その決着を大衆の場でつけることは間違いだ」

という私と、これを認めない政治局の対立が始まることになるのです。中電労研では先ほど述べたように、一〇・二一ストの中止を受け入れていましたが、それを全電通近畿地本書記グループの大塚たちが、

「中電の連中はだらしがない」

などと言って蒸し返したので、私と大塚の殴り合いの喧嘩になったのです。

□分派状況と私のブント脱退

こうして、党派事情による方針転換を拒否した中電労研は、九月に開かれた大阪電通労研総会でもマッセンスト方針で対立、その場から中電労研が退場することで、電通労研は分解過程に入っていくことになります。

この当時の電通労研は近畿だけでも二五〇名を超えていたと思います。各支部の書記局にはブントのメンバーが入っていたし、各分会にもいたので、パルチザン闘争ではこの部隊が主力的役割を

果たしていました。だから、組織戦術の展開によっては、自分たちの運動が変質するのではないか。その可能性もあったのです。

しかし、『松崎明秘録』[41]を読んで感じたのは、私たちはもっと人間的だったという点です。本多延嘉が殺されても「うーん、ヤバイなと思ったね」（松崎明発言）で済むような人間関係を、われわれは作っていなかった。まして松崎とはそんな政治討論をやったことは一度もないし、あの表現は何を意図したのか、迷惑この上もないと思っています。

それはともかくとして、この時にブントでは大阪労対部ができます。この存在は非公然でしたが、広告労協議長の中島君（早大出身）を中心に、日本火災海上の福田君、交通公社の吉井君、、労音の丸山君などを指導部とする組織でした。彼らは中電問題が起きた時点で「そんな方針は認められない」として、分派闘争をやる以外に道はないと判断して、私に協力の申し入れに来ました。私は三日間、回答を待ってもらって考え抜いた結果、分派闘争への参加を断り、同時に九月一六日、ブントへ脱退通告を行いました。

□ "私の教え子" ——分派に踏み切れなかった自分

私はなぜ分派闘争ができなかったのか。執行部に出て以来の新入組合員講座の担当は、私が行っていました。その過程で、活動家になりそうな人間をオルグしていったという経緯があります。スト突入組の組合員も私がオルグした青年だったのです。

中電労研がブント指導部のスト再突入要請を拒否したとき、すでに中電社青同とブントの同盟員の四名は個人としてスト突入を決意していました。そのメンバーである佐渡君と大前君が私の前にきて、

「中電労研として一〇月のマッセンスト中止を決定しているが、おれたちは突っ込む。申し訳ない」

と泣き出しました。

「そうするのならば、会議を開いて決める必要がある」

というと、

「方針が二つある。右か左かどちらを取っていいか分からない。ブントの伝統として、分からないときは左を取れと言われている。ここまで来たらやらざるを得ない。お世話になりました」

そう言って去っていきました。

私からすれば、局に入った時点からオルグし、育ててきたメンバーである佐渡や大前が、自分の意思でやることを、分派闘争の相手・対象にすることはできなかった。私はこの時始めて党派の活動家、あるいは指導部としての資質のなさ、不向きな自分を認識したわけで、ブントの脱退通告につながっていきます。

□労務も思わず応援

私と同じく突入反対の立場を表明していた伊藤君や木村君、山根君は、結果的に私がやったことを恨んだと思います。しかし、佐渡や大前が腹を決めてやる以上は、そのための位置は残してやろうと思いました。だからマスコミ反戦の「朝日」の記者に連絡を取って、突入メンバーが〝中電占拠〟と大書した幕布をぶら下げたとき、その瞬間の写真を撮影させました。

この写真はその後、「朝日カメラ」や「朝日ジャーナル」にも掲載されて話題を呼びましたが、それに怒ったのが「毎日」や他の記者たちです。

「あのような決定的瞬間を、タイミングよく撮れるはずがない。誰かが教えたはずだ」

と恨まれました。

突入組四名の中で佐渡君が屋上からビラをまき、火炎瓶一本を投げて逮捕されますが、他の三人は労務の部屋に入り、バリケードを作って中に閉じこもります。局側は大騒ぎになり、天満署の警官が排除に現れたのですが、その警官に向かってピケットを張った人間がいました。労務の係長を先頭とした労務の職員たちです。

「おれたちの目の前で、同じ釜の飯を食ったやつを逮捕させるわけにはいかない。逮捕するなら局の外に出てからにしろ」

その職員たちが叫びました。天満署は悔しそうにその場から引き揚げました。

一時間後、三人は意気揚々と一階に降りてきました。もちろん、局外に出たら逮捕されることを覚悟したうえです。ところが門の外に出てきたが何も起こらない。

私が中電担当の刑事に、

「どこで逮捕するのか」

と聞くと、

「屋内での不法占拠に関する逮捕は、現行犯以外にはできない。それを阻止したお前の局は、変わったところだな」

と嫌みを言われました。

その日、三人は何事もなく自宅に引き揚げ、その後も逮捕されることはありませんでした。中電の場合、ほとんどの人間が転勤もないまま定年まで同じ職場にいるわけです。そのような中で形成された人間関係が、労務の対応に現れたのではないかと思います。

□中電支部として一〇・二一ストを貫徹

一〇・二一当日の四人の実力行動はこれでけりがつきましたが、次に問題となるのは中電支部全体の行動です。この時点で私は支部執行委員、伊藤君と木村君は職場委員です。私は執行委員会で、「この問題についてはけりがついた。しかし、中電支部は一〇・二一のストライキを組織決定している。このままスト中止では納得いかない。本部にこの状況を報告して、次の闘いをどうするのか、支部単独でも立ち上がるのか」

と迫りました。

やりとりの過程で明らかになったのは、マッセンに対する中電民同執行部の予想外の対応でした。彼らはこっそりと彼等に協力したのです。佐渡たち四人を二日前から組合の倉庫に隠していたのです。なぜ、彼ら四人が突然、局内に姿を現すことができたのか。私たちも分からなかったのですが、協力したのは民同執行部だったわけです。

「そのことはよくわかった」

そう肯定しつつも、私はあらためて食い下がった。

「しかし、職場を拠点としたストライキをもう一度、組合員に呼びかけるべきではないのか」

支部執行委員会では喧々諤々の議論となりました。

結果、中電執行部は決断しました。

「このままでは職場がおさまらない。ストライキに突入する」

この決定を中央本部に伝えることになるわけです。この時の本部副委員長が片山甚市です。中央本部の回答はつぎのようなものだった。

「大阪中電支部だけはストライキを認める。ただし、処分された場合、犠牲者扶助の適用はしない。したがって、解雇されても補償はしない」

中電支部では、それでもストライキに突入しようということになり、この時の決起集会には宿泊明けを除く組合員、二五〇人がストライキで参加（当時、スト権は付与されていないので、この時のストライキとは無許可の年休という形態となる)。その後、明け番の組合員が合流、集会には三五〇名が参加しました。

この時、中電支部として初めてヘルメットを購入し、全電通のマークを付けてデモに出ていったわけで、口の悪い連中に言わせると、

「こっちのデモの方が、よほどマッセンだ」

ということになります。

この日のメーン会場は大手前公園、夕方から扇町公園となっていて、その中の一部が〝北大阪制圧〟をスローガンにして、中電の前を通っていったわけです。すごいなと思ったのは、中電前を通過したデモ隊の数で、資料を見ると七千人です。前日の二〇日は一万二千人ですから、いまではちょっと想像のつかない数字です。

□中電マッセンスト、その余波

この日の闘いで中電では約七〇名に処分が出ましたが、この処分は民営化の時点まで響きました。山岸執行部が民営化を承認するときに、それまで犠牲者扶助を適用されている組合員の権利が回復されますが、それまでの一〇数年間、処分の影響が続きました。私の場合、春闘での停職一ヵ月から始まって停職六ヵ月が二回ありますから、定年の時点では三四〜三六ヵ月になっていました。

こうした中で裁判闘争が闘われますが、大阪地裁での佐渡君の公判には、被告側証人として片山

甚市が出廷しました。彼の証言が印象に残っているのは、裁判長の質問に対してこう述べたからです。

「私は本部の副委員長です。いま、私は証言席にいますが、本来は被告席にいる人間のはずです。なぜなら総評をはじめ全電通は、一〇・二一をストライキで闘う方針を決めたが、その方針を貫徹できなかった。その決定を実践したのは被告席にいる若者だ。そうだとすれば、被告席で裁かれるべきは彼らではなくて私である」

傍聴席を含む法廷は息をのみ、何とも言えない雰囲気に包まれたのです。

中電がマッセンストに至った経過と当日の模様は、以上のようなものでした。

第一部注

（1）大阪中電：大阪中央電報局の略称

（2）二・一スト：一九四七年一月、全官公庁共闘は「生活権確保・吉田内閣打倒」を掲げて二・一ゼネストを決定。同三一日、米占領軍はマッカーサー名で中止を命令。戦後民主化に向けた米占領軍と日本共産党の蜜月終焉。

（3）レッドパージ：一九四九～五〇年、米占領軍の指示で政府・企業は日本共産党員と支持者（推定四万人）の解雇を強行。産別など共産党系労働組合運動は壊滅的打撃を受けた。

（4）民同：民主化同盟の略称。一九四七年二・一ゼネスト敗北後、共産党系ナショナルセンター産別内に同党の引き回しを批判して結成された組合内分派。後の総評の主軸になる。

（5）全電通：一九五〇年、全逓から分離して全国電気通信労働組合（全電通）を結成。一九八五年、民営化にともないNTT労組に移行。

（6）片山甚市：一九二三〜一九九九年　一九四〇年大阪逓信講習所普通科卒。一九四六年大阪中電に復職。全電通近畿地本委員長、同本部副委員長など歴任後、参議院議員を二期務める。『ストライキ論ノート』（労働調査研究所）など著書多数。

（7）民青：日本共産党系青年組織の略称。戦前、日本青年共産同盟として発足した同組織は一九五一年に日本民主青年団、一九五六年に日本民主青年同盟に改称、現在に至る。

（8）共産党の地下武装活動＝Y活動：日本共産党は一九五〇年の米占領軍による中央委員追放後、地下活動として武装闘争（Y活動）を一九五五年の六全協まで展開した。

（9）枚方事件と吹田事件：一九五二年六月二四日〜同二五日、吹田市と枚方市で朝鮮戦争に反対して展開された連続実力闘争を指す。

（10）脇田憲一：一九三五〜二〇一〇年　山村工作隊を経て関西で金属労働運動。一九七三年総評地方オルグ。一九八五年北摂生活者（トータル）ユニオン理事長。一九九五年高槻市会議員（一期）。著書に『朝鮮戦争と吹田・枚方事件』（明石書店）

（11）「球根栽培法」：日本共産党のY組織（地下組織）が武装闘争に向けた火炎瓶・ラムネ瓶、釘を曲げて道に撒く妨害用途等の作り方を説明した非合法のパンフレット

（12）徳田球一：一八九四〜一九五三年　一九四五年一〇月、府中刑務所から出獄、獄中一八年。日本共産党を再建し初代書記長。衆議院議員にも当選。一九五〇年のレッドパージで公職追放され、団体

等規正令での出頭を拒否して中国に亡命した。この時の亡命ルートがいわゆる「人民艦隊」で、亡命人数は八〇〇人とも二〇〇〇人とも言われているが正確な人数は不明。指導期間として「北京機関」を組織し活動、一九五三年九月に病死。その死は一九五五年まで公表されなかった。党内では「オヤジ」と呼ばれていた。

(13) 白鳥事件：一九五二年一月　札幌市警察・白鳥警備課長（特高上がりの日共弾圧の責任者）をＹ組織が射殺した事件。事件後関係者は中国に亡命、佐藤博ら三名は中国で客死、烈士墓地に葬られる。

(14) 前田尚彦：五一年神戸中電に入るも職場の虐めに合い、発奮して空手（修交会）で鍛錬し六段の高位となる、大阪中電、五階の職場で、組合運動に参加、休憩時間時局水闘争では中心となり、中電空手部を創設・部員に大阪労働者学校（山本晴義校長）に入学を義務付ける等ユニークな指導をする。六〇年安保とベトナム反戦デモに際しては、非番の空手部員のデモ参加を決め、中電隊列の先頭でスクラムを組んで闘った。空手指導ではその丁寧さで好評、後に姫路に道場を立て、神戸医大・大阪医大・近大医学部の講師を務め、海外ではアメリカ・デンマークにまで招聘されて教えたが、六二歳で死亡する。

(15) 劉少奇：一八九八〜一九六九年　中華人民共和国国家主席　中国革命を初期から担い、中国共産党では毛沢東に次ぐ序列第二位。一九六七年、文化大革命で失脚。一九六九年、幽閉中に死去。

(16) 整風文献：「整風文献」は毛沢東と劉少奇による党員の基本的資質を論じた論文集で、一九五三年大月書店の国民文庫として発行。とくに劉少奇の「共産党員の修養について」は、大阪中電で入党者の必読文献とされた。

(17) ハンガリー事件：一九五六年、ソ連の大国主義と官僚主義に反対して立ち上がった民衆にソ連軍が出動、弾圧した事件。後にソ連軍は撤退し民族自決と新しい政府を作る契機になった。当時、日本では情報も少なく、アメリカに煽られた反革命鎮圧のためにソ連軍が出動したともいわれていた。

(18) 山岸章：一九二九年生まれ。一九四八年金沢逓信講習所を卒業。一九五一年、大阪中電に転勤。中電では富山県支部の申し送りで役員に登用されず。その後、中電若手が共産党員で占められたため五三年に執行部。中央本部入りのために、反りが合わなかった片山甚市近畿地本委員長に頭を下げて懇願したとの話も。委員長に就任後、電電民営化に反対した片山甚市（参議院議員）を全電通政治局員から追放、次期参院選の推薦も拒否。「連合の初代会長の席を取るために、本命視されていた藁科電機労連委員長を切り崩す策動を成功させた」（朝日新聞で本人談）とあり、彼の人間性がいかなるものかが分かる。事実、彼につく人脈はない。大阪中電で山岸派と称される者は一人としていなかった。

(19) 勤評闘争：一九五七年から五八年にかけて公選制から任命性に変わった教育委員会制度の下で教員の勤務評定が強行されたのに対し、教育の権力統制を意図するものとして教組、総評、全学連が全国的に激しく闘争を展開した。

(20) 小林勝と「断層地帯」　小林勝：一九二七～一九七一年　朝鮮生まれ。四四年特攻要員となるが敗戦。帰国後、早稲田大学露文に入学。四八年共産党入党。火炎瓶闘争で逮捕。獄中で党が方針転換。新日本文学界に所属、作家となるが六一年に除名。五八年、自らの体験をもとに「断層地帯」を発表。とくに最終章の前衛観に中電党員が惹きつけられ、読後、離党届を出すこととなった（小林勝作品集　白川書院　一九七五～七六年）。

(21) 古賀康正：一九三二年生まれ　東大農学部出身、東大中央委員会議長。五八年ブント結成に参加、地方学連へのオルグとして活動、京都府学連オルグの際、大阪で労働者オルグを果たしブント大阪中電細胞出発の基礎を作る。後、岩手大学教授。

(22) 羽田闘争：六〇年一月一六日の岸渡米阻止闘争。羽田空港篭城では唐牛健太郎を始め共産主義者同盟幹部の七七名が検挙される。

(23) 三菱長崎造船：日本の造船業発祥の地。戦後、六〇年代中盤までの全造船三菱長船分会は左翼造船労働運動の拠点。

(24) 今野求：一九三六～二〇〇一年　東北大学教育学部。五九年共産党から除名、同年日本革命的共産主義者同盟（第四インター日本支部）を東北地方で組織。六三年宮城県評オルグ。六九年全国反戦代表世話人。八六年『労働情報』事務局長。八九年全労協結成で長期政策委員。

(25) 労研センター・全労協・市川事務所：次章で詳述

(26) 谷川雁と大正炭坑行動隊　谷川雁：一九二三～一九九五年　東大から西日本新聞に入社。詩作に打ち込む。四七年入党、大西巨人・井上光晴らと活動、西日本新聞解雇。五八年福岡県中間市に移住、『サークル村』創刊。一九六〇年共産党を離党。一九六一年、吉本隆明らと『試行』創刊（八号まで）。大正炭坑争議では「大正行動隊」を組織。「連帯を求めて孤立を恐れず」は大正行動隊の組織原理。全共闘運動に多大な影響を与えた。

(27) 西村卓司：一九三一～　旧制第一高等学校中退、共産党三菱長船細胞書記に就任。六〇年二月に共産党除名後、同年五月長船社研結成。一九七〇年九月に三菱長船労組（第三組合）、一九八六年には全国一般長崎連帯支部を結成。著書に『労働基準法―実践の手引き』（古谷杉郎との共著・社会評論社・一九九四年）、『新左翼労働運動一〇年（一、二）』（三菱長船社研・三一書房・一九七〇年）、

『左翼少数派労働運動』（三菱長船社研・三一書房・一九七三年）

(28)森田実：一九三二～　東京大学入学後、全学連指導部として一九五七年の砂川闘争を指導。一九五八年に共産主義者同盟（ブント）を結成。一九七三年から政治評論家

(29)松田道雄：一九〇八～一九九八年　医師・育児評論家・歴史家。一九四九年に平和問題談話会メンバー。京都の良心的知識人の代表で共産党シンパ。田所事件では証言拒否の田所伴樹（同志社学友会委員長）を「左翼としての信義と仁義に敬服」と評価。京都の知識人内部での共産党評価が一挙に崩れる事態となった。

(30)藤本進治：一九〇五～一九八七年　マルクス主義哲学者。「革命の哲学」は新左翼活動家のバイブルと呼ばれた。関西労働者学園の校長を引き受け、哲学を講義。中央大学の自主講座や京大の解放大学の講師を務めるなど、多くの活動家を育成する役割を果たした。

(31)奈良本辰也：一九一三～二〇〇一年　元立命館大学日本史教授、近代史では東の服部之総、西の奈良本辰也と称せられた日本史学の泰斗。大学紛争に際しては、全共闘を支持し、辞任する。

(32)岡本清一：一九〇五～二〇〇一年　同志社大法学部教授から京都精華大学が設立されるや初代学長。政治学を教える。「ブルジョア・デモクラシーの論理」は反響を呼び、大階段教室の講義は、他学部や他大学の偽聴講生で埋まるほどの名物教授。主著に『ブルジョア・デモクラシーの論理』、『自由の問題』など多数。

(33)住谷申一：一九〇八～一九六四年　同志社大新聞学教授　研究室も自宅も学生に開放し、親身になって相談に乗り、就職先も教授自ら出向いて開拓し面倒を見た。学生運動の活動家は三回生になると、他学部からも新聞学に転籍し住谷ゼミにはいるケースが多く、学生からこれほど愛された教授

はそういない。今も住谷ゼミ生は、毎年、相国寺の墓参を欠かさず続けている。住谷悦治同志社総長は実兄。

(34) 和田洋一：一九〇三〜一九九三年　同志社大新聞学教授　戦前、雑誌「世界文化」の同人として真下真一（哲学）、新村猛（フランス文学）、久野收（哲学者）、武谷三男（物理学）らとともに治安記事法違反で逮捕された。戦後、同志社大教授として復学。京都の代表的文化人。

(35) 小松左京：一九三一〜二〇一一年　SF作家。京都大学文学部イタリア文学科入学後、共産党に入党、山村工作隊など政治活動。後年離党。著書に『日本アパッチ族』、『果しなき流れの果に』、『日本沈没』など多数。

(36) 福田善之：一九三一〜　東京大学仏文科卒。劇作家、脚本家、演出家。六〇年代初期の戯曲『オッペケぺ』、『真田風雲録』、『袴垂れはどこだ』で六〇年安保闘争を扱う。その後NHK大河ドラマ「風と雲と虹と」など映画、ドラマのシナリオ多数。

(37) 林大鵬：一九二三〜一九八四年　一九四〇年国鉄入社、宮原機関区。五一年機関車労組大阪支部書記長。動労に組合名変更後、六〇年動労本部副委員長から三期四年本部委員長を歴任。動労内派閥闘争に破れて宮原機関区に。再び動労大阪地本役員、総評北大阪地区評の代表から七五年大阪総評副議長。動労出身の大阪総評役員は林大鵬が初。その後、動労中央本部委員長にカムバック。七八春闘で成田空港ジェット燃料貨車輸送反対闘争に取り組むが動労革マル派松崎等の派閥闘争で下野。社会党京都府本部副委員長から京都労研センター代表幹事に。八四年七月、肺がんで死去。六一歳。北大阪地区評時代は地域の運動・争議に取り組み、大阪の若手・中堅の活動家で青年同志会を立ち上げて〝林学校〟的に指導。この集まりが後の大阪集会開催の素地となった。

(38)陶山健一：一九三六〜一九九七年　東京大学農学部卒。革共同中核派政治局。主著『反戦派労働運動』（亜紀書房）

(39)樋口篤三：一九二八〜二〇〇九年　労働運動家。四七年共産党入党、東芝堀川町工場書記局、川崎生協、全金大和金属労組などで活動。六五年共産党除名、六六年共産主義労働者党結党。七五年『季刊労働運動』編集長、七七年『労働情報』編集人。二〇〇四年「これからの社会を考える懇談会」（略称・コレコン）発足に尽力。『めしと魂と相互扶助』（第三書館・二〇〇二年）、『樋口篤三遺稿集一〜二』（同時代社・二〇一一年）など著書多数。

(40)いいだもも：一九二六〜二〇一一年　東大法学部。評論家。六五年共産党除名、六七年共産主義労働者党書記長。七九年『季刊クライシス』創刊。『斥候《ものみ》よ、夜はなお長きや』（河出書房新社・六一年）ほか著書多数。

(41)『松崎明秘録』：二〇〇九年の大阪労働者弁護団の総会のあとで二人の弁護士（共に京大出身で、私の活動経歴を知っていた）より『松崎明秘録』について「松崎が前田さんと中電マッセンについての一文があるが、あれは出鱈目だ、あの本が流布してそのままだったら、文章化したものが正史として残ることになる。事実無根と名誉毀損に当たるが、私ら二人で引受けるから告発したら」と言われたが、その本の存在も知らなかったし、読んでもいない。先ず、手に入れて読むことにした。数日後元全金オルグの要宏輝より電話で「前田さん、あんたはおれらを騙していたのか」と、またもやこの本についての質問と抗議がきた。

『松崎明秘録』一三八頁には次のように記されていた。

［ついでに言えば、石川島の佐藤芳夫さんの考えについても、私は異論がある。少数派組合論とい

うのには反対なんですよ。やっぱり少数派を自己目的化するような意味での少数派組合論というのはおかしいと思う。時事通信にいた清水一さんにもそのことはかなり私としては言ったんですけど、やっぱり多数をまとめるべきなんですよ。大阪中電だったかな、そこにいた、前田っていう男、後に私らと別れてブントに行った男ですけどね、この前田が「マッセン・ストライキ」と盛んにいう。でも大衆はいないんですよ。わずか数人しかいない。前田は「マッセン・ストライキ」を数人でやるんですよ。「マッセン」ってひとにぎりのことかよ、何やってんだよって、私は議論した」

さすがにこの発言には驚嘆した。これが事実なら元全金の要が「おれらは騙されたのか」と抗議してくるのもわかる。だが事実は、電通労研と長船社研が呼びかけた一九六四年開催の「日韓・改憲阻止・反戦全国労働者学生集会」開催時に、革共同全国委員会の両派が出てきており、両派のゲバはまだ学生の一部で見られたようで、集会では、陶山健一も演説し、動労の元青年部長として松崎明が発言しているのを知っただけで、両者が変な雰囲気にあったのを覚えている。こちらは主催者、忙しくて会話もない。これ以外に会ったこともないし、ましてや討論の場もなく、「後に私らと別れてブントに行った男ですけどね」の言に至っては、革共同からブントに移った人間となる。マッセン・ストについての論議もしかり、これほど、詭弁・造語を語る人物が単産の責任者だったとは、私の理解を超える。

忠告してくれた二人の弁護士に依頼して事実無根・名誉毀損で告訴するべきだろうが、残念な事に彼は一昨年死亡している。私も、様々に語る場があるが他山の石として充分に考えねばならぬ点だと考える。弁護士二人には感謝している。

第二部　関西から全国へ

——新左翼労働運動の広がり（一九七〇年〜一九八〇年）

第一章　街頭から職場へ

時代を語る ⓥⓘ　一九七〇年

六〇年代末から七〇年代初頭、青年労働者の反戦闘争をけん引した反戦青年委員会は、中核派と解放派の内ゲバ的衝突（一九七一年）を契機に終焉の方向へ進み、職場・地域の運動を重視する全労活運動が浮上。また一九五〇年代の総評高野派の再評価と活動家集団を重視した横断左翼論が注目を集めることになった。

――一九六九年の中電でのマッセンストライキの段階で前田さんがブントとの関係、すなわち党との関係を切って労働運動に専念することになるわけですが、そのときに、尼崎の人たちとの関係が重要になってくると思います。そしてこのかかわりから、新左翼系労働運動雑誌『季刊労働運動』がまず関西で発行され、その後の『労働情報』発刊へとつながっていきます。そこでまず、尼崎との関係から話を始めていただけないでしょうか。

□高野実さんとの出会い

尼崎について語ろうとするには少し歴史を振り返らないといけない。

尼崎の運動は高野実総評事務局長[1]の「ぐるみ闘争」（五〇年代のスクラップ合理化に対する家族ぐるみ・地域ぐるみの抵抗闘争）、つまり一九五四年、解雇撤回を要求して長期間ストに及んだ日鋼室蘭闘争、尼鋼闘争などが闘われる中で、尼崎の共産主義者運動の伝統が形成されていくわけですが、その話の前に、高野実・市川誠[2]両先輩と私の関係から述べたい。

私は一九六一年の段階で、高野実さんに私信を書いたことがあります。高野さんが総評事務局長の時代、後に「ニワトリからアヒルへ」の転換と評された平和四原則の採択はどういう意図でやられたのか、それは後年言われたようにＧＨＱの指導の下にやられたのかどうかという内容だった。ちょうど大学院で修士論文を書いている最中のことで、私の専攻は日本新聞発達史、しかし労働運動史もやっていたので、質問の手紙を書いたのです。ところが返事がこない。後で知ったことですが、高野さんはその当時、からだを悪くして中国で療養していたということでした。

高野さんが私の手紙を読んだのは帰国後で、丁寧な手紙をいただきました。その後、横浜・小雀町の自宅を訪問することになる。書籍が雑然と積まれた居間で話してくれました。が、私の質問に答えるより「左翼横断戦線論」を語られ、煙に巻かれたような結果になりました。その後も交流が続き、私が労働運動に専心する決意を伝えたら、「大賛成だ」と励まされました。

□高野人脈の広がり

反戦青年委員会が盛んになり始めた六六年、大阪に来たという高野さんから突然、電話がかかってきました。その時、同行していたのがＡＡ連帯の堀江壮一さんで、戦前の高知高校事件の被告です。一九六〇年まで党の大阪府委員をやっていたとのことで、私の経緯を知っていました。その二人と中電近くの喫茶店で三時間ぐらい話しました。現在の運動計画についてしゃべると、「今後も教えてくれ、私なりに協力する」と言う。早速、高野さんに紹介されたのが八幡の元副組合長で新日鐵社会党員協の佐藤忠義さん[3]と市川誠さんでした。

七一年になると高野さんから「わが同志が総評議長になった」というハガキがきました。その後、東京・神田の喫茶店で私と落ち合った高野さんは、呼び出した市川さんに「これが関西の前田君や。若い世代として、あんたを支える存在になる」といって紹介したのです。

それ以来、市川さんとの関係が深まっていきます。日中労働者交流協会が発足した時にも呼びかけられ、そこには全港湾関西地本書記長の平坂春雄さん[4]や同本部委員長の吉岡徳次さん[5]、顧問として山川暁夫さん[6]もおられ、新たな人的関係が生まれることになりました。

この関係の上だと思うのですが、東大社研の藤田若雄先生[7]から声がかかり、亜紀書房が準備して「労働運動と反戦活動」のタイトルで、長船の西村卓司・動労千葉の中野洋と私が座談会をすることになります。神林章夫君[8]（後に信州大学教授）も藤田先生が連れてきたと思います。

岡山選出の矢山有作代議士[9]の議員会館を根城に高野さんが『労働情報』（当時の名称は『労働周

報』)を発行していたのを知ったのもこの時期です。矢山さんと後に日本版「オリーブの木」としての国政共同選挙運動に関わり、「あすの共生社会を考える会・略称KSK」の代表・矢山有作、事務局長・前田のコンビで、動くことができたのもこの人脈がもたらしたものです。

□尼崎の左翼群像

――高野さんとのそのような状況がありつつ、もう一方で尼崎の運動と出会っていくわけですね。

関西における新左翼労働運動にとってもう一つの大きな存在は、尼崎を中心とする阪神の共産主義者です。そこには長井一男、赤田清治、杉本昭典、小川直幸、菊永望、師岡祐行、藤井新造といったメンバーがいましたが、彼らも共産党からの除名組です。

その一人である長井さんは、戦前、京大から研究のため東大に移籍し、戦前の唯物論研究会のメンバーとして投獄されますが、航空力学の権威のため監視付きで保釈・川西航空機に入ったという経歴の持ち主です。彼は戦後、共産党から何度か議員に立候補させられています。

赤田さんは中国で陸軍として従軍中、分隊を引き連れて中国共産党の解放軍(八路軍)に合流した経歴を持つ人です。その後、結核を患って帰国した赤田さんは日患同盟の阪神地区責任者として診療所を作り、尼崎で医療運動に専念します。しかし、一九六〇年に共産党官僚と対立、東尼崎診療所に乗り込まれ、防衛戦をやります。その時、師岡さんの要請で奈良本ゼミの院生や学生が応援に駆けつけますが、私もその一員でした。

一方、杉本さんや菊永さんらは、戦後早々から政治活動・労働運動を経験している活動家たちです。（長井、赤田、小川の諸氏は鬼籍に入られています）。

このような尼崎を無視できないと考えた関西ブントは佐野茂樹と相談し、大管法闘争後京都府学連委員長を辞めた次世代の清田祐一郎を尼崎に住み着くよう手配します。清田は後輩の八木健彦を連れて尼崎に入り、六七年に阪神共産主義者協議会が結成されます。ここが関西地区反戦や関西労働運動活動者会議（関西労活）などを形成する重要な基盤になっていくわけです。

ちなみに、一九六七年一二月には私と和田、土方克彦、清田らが軸となり、関西地区反戦連絡会議が結成されますが、その場には次のような地区反戦が集まりました。北大阪反戦、堺反戦、吹田反戦、高槻反戦、尼崎反戦、西宮反戦、洛北反戦、洛南反戦、洛西反戦、和歌山反戦といったところです。

□杉本昭典を中心とする群像

一九六〇年に私が出会った尼崎の運動構造をもう少し説明します。杉本昭典さんは共産党尼崎市委員会の委員から兵庫県委員会の委員、あるいは常任になって関西全体を見回す活動をしているため、面識のあった志賀義雄(10)や志田重男(11)と「形式だけでは駄目だ」などと論じ合うこともあったが、一番信用していたのは西川彦義（一九〇五～一九七九年、元共産党中央委員で戦前からの関西金属労働運動のオルグ）さんではないか。「杉本聞き取り」（神戸大の市田良彦教授らが一九四六年に共産党入党、同六一年に離党した労働者コミュニスト、杉本昭典ヒアリングをまとめたもの）を読んでそう感じます。

私が見ている範囲からの印象ですが、そのような戦前からの共産党の人たちと尼崎で最初に出会って運動と組織を作ったのが杉本さんなのです。さらにそれと共同したのが先に述べた長井さんと同年代の矢野さん。彼は戦前の人民戦線事件の関係者で、戦後は川崎造船から全造船の中央幹部をしていましたがレッドパージで追放され、尼崎に住んで活動した人です。当時の阪神委員会はこの年配者二人の影響のもとで、教組のＮＴＡグループ（新しい教師の会）、大同鋼板にいた杉本さんたちと尼鋼、住金、三菱電機などに組織が存在していました。尼崎を中心とした阪神工場地帯はそのような構造だったと思います。

普通、党派としてあれだけの部隊を抱えていたら、自分のところで全部握ろうとします。共産党が典型的ですが、社会党でも同様でしょう。しかし、尼崎の左翼はそのような動きをしなかったのです。たとえば尼崎の歴代市長には、そのような基盤を背景にして革新無所属が当選します。兵庫県知事に当選した阪本勝も尼崎市長を経て出馬するという経緯をたどりましたが、その背景には今述べた構造があったわけです。

□新たな結集のはじまり

戦後、阪神の共産党で活動した杉本さんたちと戦前からの活動歴を持った人々、もっと若い三菱電機や鉄鋼労働者、その他、自治労、民間の闘いの生き残りである人たちがみな集まってきてここに結集する。私はその人たちの中に素直にスーッと入っていきました。

——その集団をもう少し説明してください。

具体的には阪神社研が七〇年の初めに出来たわけで、そこに私も入ります。その時、私には大阪中電や大阪総評の組織や運動をどうするのかという課題が突きつけられますが、尼崎の運動にはブントの後輩である清田清一郎や八木健彦が加わり、そのまま運動を継続させたので私の矛盾は軽減されたことになります。

大管法闘争の後だから、清田らが尼崎で活動を始めたのは六五、六年頃です。清田は自分の飯の種として尼崎に学習塾をつくり、それを赤田さんが全面応援します。当時の尼崎には社革やフロントなどの構改派メンバーもいて、思想系列は雑多でしたが地域としてはまとまって活動が展開されていました。

社研運動の過程では運動的な分岐も徐々に生まれて、赤田さんを中心に阪神医療生活協同組合など次々に診療所を開設し地域住民との関係を深める運動と、労働運動に向かう流れが出てきます。一九七一年になると阪神労働運動活動者会議（阪労活・後述）が結成されます。阪労活のモデルになったのが都労活（東京都労働組合活動家会議・結成は一九六九年）で影響力が全国的に波及していったため、それに呼応して阪労活運動づくりが始まったわけです。

□大阪の青年同志会

七〇年に入ると、私は大阪電信支部執行委員として北大阪地評の常任幹事に就任した。この地評の議長は林大鳳（動労大阪地本委員長・元動労中央本部委員長）さんです。二人でコンビを組むなかで青年活動者の結集が必要という認識が生まれ、「青年同志会」を呼びかけます。このメンバーはその後の阪神労活（七一年）や雑誌『季刊労働運動』発刊（七一年）、『労働情報』大阪総局（七七年）に至る関西新左翼の労働運動活動家集団の原型でした。煩雑になりますが、以下、名前と産別を列挙しておきます。

〔自治労＝町田有三・柳原文高、国労＝森村敏孚、全港湾＝尾崎勝治、全金＝要宏輝・山原克二・清水直樹・津嶋茂夫、全逓＝岡本東住副支部長、全電通＝前田裕晤、ゼネラル石油（ゼネ石）＝小野木祥之、日放労＝小山師人、前川武志東住副支部長〕

後に平垣美代司さん[12]も顔を出すようになり、勤評闘争が語られたこともあります。

その当時、ゼネ石闘争で小野木祥之[13]などの第一組合の活動家が解雇され、各組合に応援を求めてきますが、ゼネ石の所属する全石油は総評ではなく中立労連加盟です。そこで産別組織を離れた活動家組織のよびかけで、ゼネ石の応援に入ることになったのです。

文章も書けるし弁も立つ小野木は、関西の中で桁外れの指導者振りを発揮して登場してきました。一方、自治労の町田と柳原は社青同の構造改革系、全港湾建設支部をつくった尾崎は関西ブントのメンバー、教組の中原はフロント系で、国労の森村はノンセクト。全金の山原はどちらかというと社青同解放派、同じく全金の要は横浜市大出身で社会党左派の代議士だった久保田鶴松の甥っ子。長らく久保田の秘書をやりながら労働運動にタッチしてきました。彼が所属していたのは東大阪を中心とした五地区反戦。同じく全金の清水は田中機械支部書記長、津嶋は細川鉄工支部委員長。全逓の岡本は東住吉郵便局で原全五さんの直系。(14) このような若手カードルが林大鳳さんの呼びかけに応じて青年同志会を立ち上げたわけです。

青年同志会といっても規約や会費といった類のものはなく、名乗りもしませんでしたが、課題ごとに招集がかかり大鵬さんの口舌を聞き討論する集まりでした。平垣美代司さんは日教組本部から帰ってきて六八年から七二年まで大阪総評の事務局長になります。林大鵬さんは動労本部から大阪に戻り北大阪地区評で地域活動に入り、七五年には大阪総評副議長になりますが、動労から大阪総評に役員として出たのは林さんが最初でした。

――青年ですが中堅活動家という存在ですね。

そうですね、町田はこの後すぐ大阪総評の青年部長になります。全大阪反戦青年委員会事務局長の鍵山勲男が青年同志会から外れているのは、彼が党(社会党大阪府本部)の専従だったからで、林大鳳さんはその点が厳しい。

□活動家集団としての阪神労活・関西労活の結成

七一年に関西労活をつくるときに、青年同志会の重要メンバーをほとんど包含しています。阪神労活の事務所は尼崎の阪神現代社に置きました。阪神現代社とは阪神社研の事務所です。阪神労活の代表が杉本昭典さん、事務局が地元の川島豪、菊永望と私。たまたま杉本さんと社革（社会主義革新運動、綱領問題で一九六一年に結成された共産党分派）時代の知り合いだった小寺山康雄君は、その縁で阪神労活や後の『季刊労働運動』の発行に協力してくれることになりました。

一方、大阪での運動も広がりを持ち始めました。例えば塩水港精糖闘争の中心になったのは中大出身の加来洋八郎です。六〇年代半ばに中央大学自治会の自主講座には藤本進治と竹本信弘（滝田修）、私の三人が講師として呼ばれ、私も一年ほど担当したことがあります。そのときの滝田ゼミの学生が加来洋八郎。彼は九州出身だが大阪での就職口として塩水港精糖会社に入り争議になるわけです。そのときにはブント系のシンパだった森安弘之（同志社神学部出身）も総評のオルグとして入り、逮捕者続出という闘争が続きました。

そういう中でこのグループの運動が各地域で展開できる状態が生まれました。阪神だけでなくて大阪の動きとも合体して、他府県に拡げようということで関西労活をつくる動きになりました。

□党派と労活運動の関係は？

――ここで質問があります。六〇年代末の反戦青年委員会の基軸になったのは党派運動ですね。ところが阪神労活、関西労活の場合、それぞれのメンバーが党派に所属していたとしても、各活動家が党派とは相対的別個に集まってくる。そのように転換したのではないでしょうか。この点が七〇年代末から八〇年代にかけての関西の厚みを持った労働運動を可能にした鍵と思えるのですが、そのあたりを説明してください。

関西の場合、中電マッセンストにどういう態度をとるかが、各党派にとって最大の分かれ目になったと思います。当時、大阪の共労党責任者だった伊福と平井は、私に対しおなじように「私たちも行動を強化することになった。前田さんたちと行動を共にしたい。マッセン前後の行動の指示をしてくれ」と語り、フロントの柴田からも同様の表明がなされました。しかし私は党派と共闘するつもりはないから、「具体的な運動スケジュールがあるときに、君たちが現場に来て労働者と共闘することはあり得るのではないか」と話しました。

もう一方でいうと地区反戦があって、関西地区反戦の初代議長が私です。その後、土方・和田たちが担いました。もう一つ、総評系青年部を中心とした職場反戦が存在していて、これは自治労や電通が中心でした。職場反戦と違って地区反戦は、つくった人間によって系列が全部違うのです。その意味では尼崎こそ党派反戦ではなくて合同反戦でした。それ以外に要（宏輝）が所属していた東大阪の五地区反戦があって、これも党派色がない反戦でした。

一方、全金港合同は、「おれらは自分の労働組合でやれるのに、何で地区反戦を作る必要があるのか」という見解。こうした事情から南大阪の全港湾と全金には反戦が生まれていません。現実問題でいうと、尾崎たちが指導した全港湾建設支部の上組闘争は港湾荷上げの企業との闘いで、当時は山口組系列の会社でしたから、暴力を伴う闘争になったわけで、各地区反戦が協力して支援闘争に取り組みました。

□林大鳳さんと動労について

――動労の中央執行委員長だった林大鳳さんをやめさせたのは松崎明（元動労委員長・JR東労組元会長）ですか？

二回目にやめさせられたのは松崎が原因だったと思います。

ここで動労についての感想を述べておきます。私たちは戦後、公労協に入りますが、当初の動労は公労協に入っていません。なぜなら動労の前身は機労とよばれた特殊な技能集団（機関車運転士中心）の第二組合だったからで、公労協にも入れてもらえなかった時代があります。当時、自分たちの職種にこだわって国労から分かれたのが機労と全施労（保線工事区に働く労働者で組織された国鉄の職能組合）で、この二つがわれわれからすると第二組合という位置づけでした。その動労がいつの間にか政治闘争の中心に出てくるわけです。

私がそのように変身した動労を見て驚いたのは、六〇年安保の一・一六羽田闘争のときです。あのとき、羽田闘争を闘った学生の中で、唯一の労働組合の旗が大阪中電青年行動隊だったというのは事実です。その日の夜、渋谷の公園から国会前を通るデモをやって、三宅坂の坂を下りてきたとき、動労の部隊だけがヘルメットを被っていました。あの時期、ヘルメットを被っている労働者部隊は炭労だけと思っていたら、動労も仕事関係の会社のヘルメットをかぶっている。青いナッパ服を着てヘルメットをかぶった労働者部隊が、列をなして構えている機動隊の壁をぶち破る。われわれの隊列はその後をついていったのですが、あれが第二組合ではなくなった動労を実感した初めての光景だったと思います。

同じように全施労の流れが、国労新幹線支部大阪保線所分会です。京都音羽山トンネルの煤煙闘争と、向日町付近での新幹線点検中に二名の労働者が新幹線の風圧で飛ばされ即死する事件が起きました。北摂労働職場安全対策会議（北摂労職対）の豊田正義さんが保線分会と共闘し、ちょうど、VDT対策で中電の古布君も労職対に参加、森村敏孚書記長らと共闘を組むことから大阪の運動に登場することになります。驚いたのは保線所分会が国労の〔学校〕系列から外されていたことで、後に「労働情報」派と呼ばれるようになっていきます。

第二章　六甲会議と戸村参院選挙

時代を語る⑦　一九七四年〜七五年

高度経済成長による民間大手の大幅賃上げが公労協・地区労を通じて全産業に波及。この影響で全国金属など民間中小労働運動は活性化し、公労協の戦闘化をもたらしたが、一九七五年のスト権ストの敗北で暗転する。一方、新左翼労働運動は大衆性を獲得するための活動家集団の形成を、イニシアティブグループとしての六甲会議や戸村参院選挙を通じて実現しようとした。『季刊労働運動』や『労働情報』はそのための媒体であった。なお、一九七五年三月で集団就職列車の運行が終わる。四月、サイゴン陥落によりベトナム戦争が終結した。

□関西発『季刊労働運動』の発行

──関西の新左翼労働運動活動家集団の場合、林大鳳さんの青年同志会が原型として存在し、それを前後して阪神労活、関西労活が結成され、その次に『季刊労働運動』(15)の発行につながっていくわけですね。

そのときに、自分たちの機関誌をどうするのかが討論されました。当時、『都労活ニュース』が発行されていたものの、全体状況に目を配った機関誌の必要性が強く主張されました。『季刊労働運動』の発行を裏で最も強く働きかけたのは、阪大新聞会の学生だった木原基彌君です。彼は卒業後、木原印刷を設立して左翼の印刷等を全部引き受けますが、彼からの働きかけもあったのです。

ところが私は電電公社に在職しているので社長はできない。そこで社長には菊永望さんが就任することになり、彼は「クラスト出版」という名前を考えてきました。クラストとは階級闘争・ストライキのことを意味した造語です。そのクラスト出版から『季刊労働運動』は発行されました。

編集実務には小寺山や清田祐一郎も協力してくれ、それに小野木、菊永、私が携わることになりました。また、同誌には元東京地評事務局長の芳賀民重さんをはじめとする多彩な人々が執筆してくれました。とくに最初のころは時事通信の名物労働記者だった清水一さんが全面的に協力してくれました。そのほかの筆者には川上忠雄（ブント系の元法政大学教授）、佐藤浩一（関西ブントのイデオローグ）や佐藤芳夫（全造船石川島分会出身の元中立労連議長）、根岸敏文（都労活）、松尾圭（元『根拠地』事務局）など。

しかし、商売の感覚が分かるメンバーが誰もいなかったのは致命傷だった。例えば東京の都労活事務所に五〇〇冊をおくったものの、誌代が一銭も上がってきませんから商売になるはずがない。その後始末に関して、今野求（第四インター）が柘植書房で引き受けるから『季刊労働運動』を東京で出したらどうかと言いだしました。そのときに根岸と樋口篤三（共労党）の間で『季刊労働運動』編集長の取り合いが始まるわけです。ガタガタ揉めて、なかなか編集長を決められなかった状況が続きました。

□『労働情報』の発足へ

——栢植から出す『季刊労働運動』編集長に樋口さんが就任したのは七五年秋のことですね。七七年になると『労働情報』[16]が発行されることになり、樋口さんは『労働情報』、根岸さんは『季刊労働運動』の責任者に分けたはず。これは内部の裏の話です。

——このあたりの話には全労活の内部対立が絡んでいると思いますが、もう少し分かりやすく話してください。

栢植書房が引き受ける前の『季刊労働運動』を担ったのは関西の活動家の枠組み。都労活を母体に始まった全労活は、東京が中心で反戦青年委員会の流れをくんでいたため、関西と違ってほとんどが党派で占められ、対立が激しくてどうにもならない。とくに七四年の戸村選挙（三里塚反対同盟の戸村一作委員長を新左翼統一候補としてかつぎ出した）では、全労活内部で選挙に反対と賛成が対立して機能停止、マヒ状態になってしまったわけです。

そこで関西の『季刊労働運動』に依拠した活動家集団を軸にして、新左翼労働運動を作り直すという話が出てきました。しかし関西が財政難だったために、赤字は今野の責任で第四インターが引き受けることで合意、版元・柘植書房として東京で『季刊労働運動』の発行を続けることになりました。しかもこの雑誌は党派主導ではなくて活動家集団が主体となって発行される。すなわち新しい新左翼活動家集団の結集体の形成をめざしたわけで、そのような『季刊労働運動』を母体にしてより大衆的な『労働情報』が生まれてくるという経過をたどったわけです。

その時、東京での編集や実務に踊り出てきたのが、ゼネ石川崎（全石油ゼネラル石油労組川崎支部）の横山好夫たち[17]。そして渡辺勉（全国一般東京南部支部）も『季刊労働運動』にかかわると同時に、『労働情報』の事務局長も引き受けます。それで西村（卓司・長船社研）が、「このまま進んで行ったらおれは心配でしょうがない」と言うので、元関西ブントの高幣真公を引っ張り出して『労働情報』事務局次長に据えました。だから高幣は西村直系ということになります。一方、樋口さんは次の編集長を全逓の吉野信次（元全逓南部小包局・後に松戸市議）に引き継がせたいと思っていたわけです。関西の私たちは運営委員になったが、そのようなヘゲモニー争いにノータッチでいたというのが正直なところです。

□六甲会議その（1） われわれの組織はAなのかCなのか

――その話と重複しますが、同時期に通称六甲会議[18]というのがあって、自分らの組織はAの組織なのか、Cの組織なのかが問題になった、と言われています。それだけ聞いていると何の意味か分かりません。部分的に聞いているだけなので、ちゃんと説明してくれませんか。

党的結合を持つ組織をつくる場合、それを仮りにAとしよう。ここでは綱領で未来像を明らかにしてその下に集まる。これは本来の政治組織のあり方となる。そして、そこまでいかなくても横のつながりができて、Aになるように上にあがっていく努力をする組織も想定できるのではないか。それが次の段階、BあるいはCだろう。

そのような基準からすれば、われわれがいま置かれている立場はDぐらいではないか。そんな議論がなされたんだと思う。それが『労働情報』発刊後の六甲会議で討論された内容で、党派経験のまったくない小野木、横山たちも「D程度の組織ならばおれらも参加する」といって途中から加わってきました。

しかし『労働情報』発行にかぶせた党派の試みを公にはできないから、公の会議はそのメンバーにプラスして各地区の代表、例えば静岡の場合は塚本春雄さん（静岡市教組）などを加えて『労働情報』組織委員会がつくられました。その組織委員会を浜松町の海員会館で開いたとき、東部労組の足立実さんとゼネ石の大崎二三男（同労組委員長・当時）が組織論をめぐって大喧嘩を始めた一幕もあった。

――それ以外のメンバーの動向はどうなっていましたか。

AかDかという組織の検討の中に根岸敏文さん（都労活）は入っていません。彼は社会党の曽我ユーゲント（曽我祐次東京都本部書記長＝当時の周辺に戦闘的な青年党員が結集、それが曽我ユーゲントと呼ばれた）であったため出自が異なる。同じ新左翼といってもブントやインター、共労党などは共産党脱党組が多かったから、社会党系の曽我ユーゲントや解放派との間には多少の壁がありました。先ほど述べた『季刊労働運動』の編集長問題も、公にはしていなかったがその違いの再現という要素をはらんでいました。

そうした中で、一番ヘゲモニーを持っていたのは誰になるのか。西村は持っているようで持っていなかったと思います。例えば樋口さんの系列だった全日自労鳥取の委員長の山口義行さんは反西村の立場が強烈で、「あんた、何様のつもりでおるんや。おれはあんたと最後まで行動を共にする気はないよ。あんたなんかと一緒にやっとったら、下におる組合員から殺される」と西村に平気で言う人でした。

——山口さんは樋口さんの盟友ですね。

ところが途中から山口さんは杉本さんとも盟友になるんだよ。全労活第一次訪中団に加わってからだが、後日、杉本さんと私は山口さんが亡くなる前、病院に三回ほど見舞いに行っています。

——山口さんが西村卓司さんを絶対許せないと言ったのは何年ですか?

それは七三年。だから七二年、七三年は六甲会議がそれなりに役割を果たしていたけれども、私は非常に居心地が悪い立場にありました。ブントという党派とは縁を切っているので、自分は何を代表しているのかということになるわけです。六甲会議を関西でやるときには尼崎を代表して政治的には菊永さんが出ていましたが、その時に杉本さんから、「何を言っているんや。おまえは阪神のメンバーや、それで行ってこい」と言われました。

——六甲会議は何年かの期間があるわけですね。七二年から七三年いっぱいの二年間ぐらい？ 断続的に行われる？

そう。

——Aを目指して、Dから。

そう。ただ、それは二回目の会議で決まるわけ。最初の会議のときは各党派の連中が全部集まった会議で、おそらく七一年頃ではないか。

——それは大塚有章さん呼びかけのものとは違うのですか。

違う。大塚有章さんの呼びかけでやったのは六九年一月の会議。これは全部の新左翼の代表者が集まって、大阪中電と国労と都職の連続ストライキを六九年秋の全新左翼の統一行動として決めたわけです。その会議に出たいと言って拒否されたのは革マルだけ。これは陶山健一から「やめてくれ」と言われてそうなった。

この会議は表向き、電通労研と長船社研が呼びかけた形になっています。このときには中村丈夫さん創設の社会主義労働者同盟（社労同）書記長、荒川君も参加しています。松本礼二（高橋良彦）も来ているし、関西ブントも総力結集。さらに竹内が長崎に半年ほど滞在して作り上げた「三重工を闘う会」のパンフレット持参で加わるということもありましたが、それは六甲会議とは全くの別物。七一年が第一回目の六甲会議ということになります。

——六甲会議と銘打ったわけを教えてください。

六甲（神戸市）の頂上の六甲山荘（電電公社の保養所）でやったから。いつの間にか六甲会議という名前になりました。

六甲会議その（2） 戸村選挙の表と裏

――七四年の参議院選挙に戸村一作さん[19]擁立を決めたのはもっと後の六甲会議ですか。

戸村選挙のときは吉田四郎[20]たちから「映画『襤褸の旗』[21]をつくって戸村選挙をやったらどうか。おれたちが金を出してもいいぞ」という申し入れがあり、各党派をまじえて会議が開かれました。この時のメンバーは中核派の陶山、ブントの松本礼二、インターの今野、共労党の樋口、さらに長船の西村卓司。

会議を呼びかけたのは私と菊さん（菊永）で、中電が場所をとったこともあって、中電の木村（保博）と古布（充）も出ています。共労党では樋口以外に渡辺勉も出席。共労党内が分派状況になっていて、渡辺勉はいいだももと一緒の赤色戦線代表という説明だったと思います。

――解放派は呼んでない？

呼んでないと思う。解放派の加藤君との接触で戸村選挙について要請したつもりだったのですが、少し、記憶があやふやです。

――これが戸村選挙を決めた六甲会議ですね。

そう。それで、やろうということになったが、その後、松本礼二が反対に回るとは思ってもいなかった。

――吉田四郎は自分で参加したいといってきたの？　それとも呼ばれたの？

いや、吉田四郎は呼んでいない。吉田四郎と私や杉本さんが会ったのは大阪の法華クラブ（ホテル）でおこなわれた会議。このとき京都の山本徳治（山徳・元共産党京都府委員会労対部長）、上坂喜美(22)も参加していました。それから私は知らなかったのだが、吉田四郎の系列で御田秀一（元共産党青対部長）もいました。

私たちと話をする前に、吉田四郎は原全五（戦前からの共産主義者・関西における金属を組織化）など、要するに昔の国際派の連中と話し合いを先にしたうえで話をもってきています。

――所感派としては、国際派も入れてやろうではないかと。

そうではなくて、彼らからすると杉本さんや私は、新左翼運動にかかわっている部分という認識で、話ができるとするなら前田と杉本ということだったと思います。杉本さんと私は法華クラブに入るまで何で呼び出されたか分からない。同ホテルの会議に顔を出してくれと言ってきたのは原全五さんでした。この中身も含めて急遽集まったのが、六甲山荘です。場所の関係で一回目の六甲会議が開かれたことになったわけです。

□『艦褸の旗』と全労活訪中団の顛末

――もう一回整理すると、七二年のこの会議で一応、戸村選挙の話もするけれども、今後の労働運動や大衆運動をどうするのかという討論を一緒にやっているわけでしょう。

まだそこまではいっていなかったと思う。もちろん労活の話は出ています。

――そうすると戸村選挙の話は党派でいうと、陶山が軸で、それに今野も乗っているという構造ですか。

いや、違う。むしろ今野のほうが突出していました。この六甲会議のときには前提条件として、『艦褸の旗』をつくるかどうかを決めなければならない。映画をつくって全国で上映運動をやりながら戸村選挙に結びつけていこうという方針だったからです。『艦褸の旗』では東京で今野が一番動いたと思います。

『艦褸の旗』の連絡場所は神田にある吉田四郎の事務所で、そこには同盟通信ＯＢの不破（山川暁夫の義兄）さんと椎野悦郎さんもいた。

そのとき全労活内部の不一致は表面化していない。むしろ戸村選挙をめぐって協力体制を作るために、文化大革命の最中だったが、訪中団の派遣が進められた。

菅沼正久長野大学教授を顧問とする第一次全労活訪中団は杉本昭典団長、根岸敏文秘書長、オリジンの二瓶久勝、富山・日本カーバイトの伊東正夫、ブントの松本礼二、ゼネ石の小野木祥之、電通南大阪の斉藤勝造、三菱長船の西村卓司、三菱広機の山田忠文、全日自労鳥取の山口義行、専門紙労協の富田善郎（山中明）、大阪中電の前田裕晤の一三名で構成された。戸村一作から周恩来首相宛の親書を持参した。

香港経由で広州・長沙・毛沢東記念館・上海・北京を寝台列車で移動した。各地では各級革命委員会との懇談や農民・工場労働者との交流が続き、北京では中国共産党対外連絡部（中連部）との討論の場が設けられ、中国側は張香山氏が首席で日本処の王継玉・劉遅・段元培が通訳を入れての討論となった。

冷戦構造下での中・ソの対立、日本共産党との対立のなかでの新左翼系の訪中団でもあり、スターリン評価、日本国内での訪中団の位置を含め、かなり厳しい論争が続き、東京高師出身でもある張香山が興奮して日本語で論じる場面もあった。最後は張香山の「君らは同志ではない、だが戦友である。日本での活躍を期待する」という発言で締めくくられた。同志は第一級、戦友は第二段階の友人ということだった。個人面談もあったが、私の場合、全経歴が把握されていて驚かされると同時に「団の中でも戸村選挙は統一されていませんね」との指摘も受けた。

私事になるが、以後の訪中の際、必ず張香山氏とは会見している。戸村親書は周恩来首相に届けられ、激励の親書を託された。全労活訪中団は第三次まで派遣されるが、その間に戸村選挙をめぐる対立は避けられない段階になり、修復に向けて都労活の矢沢賢東水労青年部長（当時）が苦労していた姿が忘れられない。

□『襤褸の旗』と三国連太郎

吉田四郎はカメラマンの宮島義勇(23)を軸に吉村公三郎(24)を映画監督にしました。その時、俳優が一人病気で倒れたので急きょ抜擢した新人が『釣りばか日誌』の西田敏行。それが初めての映画出演だったそうです。

――主演が田中正造役の三国連太郎。この間、三国連太郎が亡くなった後、西田が追悼番組に出演していましたが、その時「私が初めて役者としてデビューして、役者とはこういうものかと三国さんから教えられたのが『襤褸の旗』でした」と語っていました。そのときに幸徳秋水の役をやったのが中村敦夫、いい役者を揃えていましたね。

別の場ですが、中村が最後の選挙に全国区で立候補すると決めて、大阪にきました。私は彼に、東京地方区でやるべきと主張して、だいぶやり合った。その時、「おまえ、そこまで言うんだったら、あの『襤褸の旗』のとき、おれらに出演料を一銭も払ってないのはどういうことだ」と言いだした。「金を払うと言ったけど、くれていないじゃないか」と。

――しかし、『襤褸の旗』は見てみたいね。

今見てもいい映画です。ＣＤも出ています。

――三国連太郎も、私の生涯で五本の指に入る映画だと言っていますね。

三国は「この土を」と言うシーンで、本当に土を食べたんだよ。

――その土があったのは農家の便所の脇で、「小便が浸みていた土を三国さんは構わずに食べた」とこの間、西田敏行がしゃべっていました。

六甲会議についていうと、戸村選挙の中間までにそれから二回続きますが、その会議が終わって帰る途中に陶山が内ゲバに襲われました。中核派はそれ以降、参加していません。その後、第四回目ぐらいからフロントも入ってきたと思います。

□三里塚に連帯する会の運動は続く

戸村選挙は二三万票に終わったものの、成田空港反対運動の姿は全国に広がった。前田俊彦さん（一九〇九～一九九三年・社会運動家）、加瀬勉さん（一九三七～・農民・元全日農オルグ）は三里塚に住み着き、上坂喜美さんは三里塚闘争に連帯する会の代表として全国やヨーロッパまで講演で飛び回ります。また、この頃から各グループの現地団結小屋が作られていきました。

関西三里塚に連帯する会は大阪の北区に事務所を設け、上坂・原全五・山本徳治さんや私が交互に詰めることとなり、選挙戦以来、連帯する会の専従をしていた京大生の百瀬彰は大阪に定着、七八年の成田空港開港阻止の運動を関西で進めます。彼は後に大阪亜鉛に入り、全金大阪亜鉛支部の書記長になりました。

時は飛びますが、七八年の開港をめぐって羽田空港拡張論が出るなど、政府や公団にも動揺が見える側面があり、反対運動は広まっていきます。

前田俊彦、春日庄次郎（一九〇三～一九七六年・戦前からの共産主義者）、吉川勇一さん（一九三一～・市民運動家・元べ平連事務局長）らが呼びかけた百人委員会構想もあり、著名人の多くが賛同する動きもありました。私や小野木（祥之）は東京・四ツ谷の新宿教組会館を根拠地として使い、現地に出向く行動を取っていました。

七七年四月の三里塚現地大集会は、関西三里塚連帯する会が二〇台のバスをチャーターして参加するなど、現地集会としては最大の規模となりました。この頃、大阪の電通の中では、反戦派として結集する状況になっており、中電の中でも新しい活動家も出て、以前にます力がありました。

ところが翌五月の集会では機動隊の催涙弾で東山薫さんが殺される事態が起きます。過剰警備か意図的に狙ったのかと憤激が高まりました。

七八年三月二六日の闘争は、開港が間近に迫った空港管制塔を占拠する闘いを現出し、多くの逮捕者を出したが、管制機能は完全に破壊されたのです。五月二〇日に再度闘われた現地闘争では、電通反戦の部隊から岸和田の刈谷稔君と大毎広告の阿木幹子さんが逮捕され、長い獄中生活を送ることになります。

三・二六事件で驚愕した電電公社は五・二〇当日の年休を認めず、四名が処分されますが、中電だけは「年休に理由はいらない、個人の権利」として支部・分会も同調し、処分は出させませんでした。処分者の山崎秀樹君ほか三名は、局によって対応の違いと年休権の問題をめぐって最高裁まで争い、八七年六月に勝利しますが、一〇年にわたる長期裁判を支援する会を作って闘ったのです。

刈谷と山崎は大阪電通合同の結成に参加し、阿木さんは地域の支援による団交の末、大毎広告と和解を勝ち取ります。解雇された刈谷は田中機械で働くようになり、山崎秀樹は現在、大阪電通合同の委員長兼大阪全労協副議長として活躍しています。

第三章　『労働情報』の発刊と大阪集会

時代を語る viii　一九七七年

七三・七四春闘の勝利から一転した七五年スト権ストの敗北で虚脱状況に陥った総評労働運動の危機を左翼的に突破するため、大阪で開かれたのが全国労働者討論集会（大阪集会）。『労働情報』発刊が発意されたこの集会は、新左翼労働運動活動家と総評高野派（市川誠前総評議長、松尾喬前総評副議長・全国金属前委員長(25)、兼田富太郎前総評副議長・全港湾前委員長(26)など）が一堂に会する画期的なものとなった。

□組織再編から大阪集会への道

――次は七〇年代の中盤以降、『季刊労働運動』を東京に移し、『労働情報』、大阪集会（全国労働者討論集会＝第一回・一九七七年～第一〇回・一九八六年）へと事態が動き出しますが。

関西では、大阪集会や『労働情報』に移る前に組織の再編が大きな課題になります。一つは中電内の組織再編で、電通労研を大阪電信反戦に衣替えして、最後に行動委員会が組織されることになりました。職場では反合理化闘争を含む諸闘争をそれらの組織で展開しながら、私自身は大阪総評での運動と林大鳳さんと一緒に形成した大阪地域の運動、関西労活の運動も並行的に進めました。

そうした中で、大阪集会をどう作り出すかが次に問題となってきます。七〇年で一旦切れていた全港湾内のブントメンバーや、その他の連中などを含めて、当時、西高東低といわれていた南大阪の金属運動、その中心の田中機械と一度会ってみようかという動きになるわけです。

□港合同の出会いと『労働情報』の発行

——私が知っている『労働情報』発刊の過程は、まず七六年に『季刊労働運動』編集長の樋口さんが港合同に注目し、大和田幸治さん[27]のインタビューをやります。「総評がダメになりそうだから、労働運動の左翼結集をやろう」と大和田さんを口説くわけですが、なかなか首を縦に振らない。しかし、樋口さんはしつこくオルグをやってついに承諾させ、七六年九月に大阪で活動者会議が開かれる。大阪の同志会の人たちと樋口さんが入った会議です。その場で『労働情報』発刊の話も出た。わたしが樋口さんから聞いている話ではそうなっています。

同志会には樋口さんを呼んでいないはずです。

——同志会よりちょっと枠を広げた、全国規模の会議かもしれない。

とりあえず、樋口さんが大和田さんのもとに左翼結集のオルグに行ったのは事実です。それは関西の私たちの知らないところで直接行っているわけ。私たちは、その前に全港湾建設支部の上組闘争を含めて南大阪の全港湾との関係ができて、そのときには全金矢賀製作所支部や全金細川鉄工支部の闘争の関係で、津嶋（茂夫・金細川鉄工支部）さんと清水（直樹・全金田中機械支部）さんの二人だけが外に出てくるわけです。そういう点での交流は横にあったけれども、政治的意図を含めての決起集会にはまだ踏み込んでいません。

港合同はそれまで、あまり外との関係を持とうとはしなかったようです。ところが、差し押さえ事件とかいろいろあって、そのときに、全港湾や私たちを受け入れます。

――当時の大阪総評の左派（民間では全金・全港湾など）と新左翼労働運動との関係を補足すると、中電を中心にした北大阪の反戦、すなわち大阪における新左翼の労働運動構造を全金港合同や全港湾が支援として受け入れたわけですね。その段階で初めて、港合同の運動と大阪の新左翼の労働運動が合流する道ができたということになります。

□七〇年代の港合同の評価について

全金港合同や田中機械支部の運動、あるいはその指導者だった大和田さんの評価には様々な側面があります。例えば全金大阪地本書記長だった巣張（秀夫）さんは港合同を評価していませんでした。巣張さんはもともと共産党員で、共産党から外れても左翼を続けた人ですが、彼らから言わせると「港合同の運動は地域のゴリの運動で、一体何をやろうとしているのか分からない」という辛い評価。さらに「組合をつくったが長い間、総評にも入っていない」。その点ではむしろ、「総評に入っているし、金属にも入っている」ということで、全金大阪亜鉛支部の橋井《よしのぶ》（美信）さんの評価の方が高い。田中機械は大阪亜鉛の後を次いだ後発の運動という評価だったと思います。

——大和田さんの運動が後発ですか？

大阪亜鉛、松尾橋梁などが南大阪の金属運動としては先立った存在で、港合同はその後というわけです。賃上げ闘争などで橋井さんがオルグし全金に加入という経緯になっているわけで、それ以前の田中機械は単独組合です。

——南大阪の金属で田中機械は二部上場でしょう。

その当時、田中機械は細川の闘争に協力をしたものの、まだ全力投入の段階ではなかったと思います。当時の田中機械の中には同盟系の御用組合があって、それが徐々に変わって単独組合になる。その後、単独組合の執行部を倒して大和田さんたちが実権を握り、それから大きく変わっていきました。そのころ、田中機械と川を挟んで向かい側に瀬尾高圧という全金の組合があって、そこの組合員である新里君が会社に対してストライキで立ち上がった。新里君は一人で門前に旗を掲げて座っている。それを見た津嶋さんが感激して、「おれらもあのぐらいの闘争をやれるようにならなければ」と思ったそうです。そのころはまだ、田中の存在は知られていません。

大阪集会が始まった時点から田中の位置が一挙に上がっていくことになります。だから古い労働者たち、例えば全金大阪地本委員長の竹本明夫さんや勤評闘争時の日教組書記長の平垣美代司さんも、田中機械に来たのは、大阪集会（一九七九年）が初めてだったはずです。

――七九年一月に田中機械の構内でやった第三回大阪集会ですか?

そう。あの人たちが田中に来たのはその時が初めてで、あの大きな建屋には驚かされますよ、これこそ労働者の工場だと感激したわけです。

□第一回大阪集会の裏話

――その大阪集会の一回目が開かれたのは七七年の一月、その場で『労働情報』の発刊が決まるわけですが、会場は部落解放センターでした。

部落解放会館のホールは六〇〇人ぐらいの小さな会場だったので、参加者は来賓も含めて招請状を持った人以外は入れないということになっていました。その時、裏で会場の世話をしてくれたのが師岡祐行。[28] 彼は立命館の大学院を出た後、京都の部落研究所に所属していましたが、部落解放同盟の新聞(『解放新聞』)の責任者として、実際の仕事は大阪の解放同盟本部でやっていました。師岡に会場の依頼をすると、「分かった、おれが責任を持つ」と言った後、「その代わりに上田卓三の選挙に協力をしてくれ」という話を持ち出してきました。

上田卓三はもともと、民青大阪の委員長だったが、ある日突然社会党として立候補するという経緯をたどります。一回目の運動員は解放同盟のメンバーだけだったので、二回目からわれわれに声がかかってきたわけです。そのバーター的要素もあって、解放会館を貸すことになったというのが裏の経緯です。

第四章　二つの全国拠点―全金港合同と大阪中電をめぐって

時代を語る ⅸ　一九七七年

七七年にスタートした大阪集会を労働運動拠点の側面から見るならば、六〇年代以来の新左翼労働運動の二つの拠点（大阪中電と三菱長船労組）と中小金属労働運動戦闘化の象徴・全金港合同の合流と表現することもできた。しかし新左翼労働運動拠点である大阪中電は六九年のマッセンストで深く傷つき、西高東低と恐れられた港合同内部にも矛盾は存在した。二つの拠点の合流は何をもたらしたのだろうか

□再び中電について―マッセンスト後のインター伸長と反発

――話は前後しますが、中電のマッセンストライキでは、前田さんがオルグして活動家になったと言っている若手の佐渡正昭、川村忠孝、大前弘志などが中電をやめざるを得なくなって、前田さんが一〇年間かけて作ってきた子飼いの活動家たちがバラバラにされるわけですね。

確かに「労研」としての枠組みは崩れたが、その中で三木や矢部、浅野たちは一旦、共青（イン

ターの青年組織）やインターに入ります。ところが、理由を言わないのでわからないのですが、すぐやめてしまう。彼らがインターに入った時、木村は他の連中もオルグしました。オルグされた連中の中では、「もう党派活動はこりごりや」という前提で、グループを作ろうとの動きが生まれました。

「おれたちのグループは、まだヒヨコにもなれないんだから、ピヨピヨでいいやないか」ということで、『ピヨピヨ』(29)という雑誌が出たわけです。

——『ピヨピヨ』は木村さん、伊藤さんに対抗して出たわけですね。

いや、対抗ではないが、違う拠り所として『ピヨピヨ』は出たのだが、たぶん木村と伊藤は怒っていたと思う。

——『ピヨピヨ』批判は私も聞いたことがあります。

しかし、私自身はまだ執行部で残っているわけで、党派活動は止めたけど、労働運動から手をひたわけではない。その位置を巡って解釈に差があったのかも知れません。若手に相談されれば応ずるのは当り前のことです。

□六〇年代—拠点としての中電

——マッセンストがなぜ提起されたのか、その背景を知るためにも、六〇年代における新左翼の突出した全国拠点としての中電が直面した問題点をもう少し話してください。

五〇年代末から六〇年代にかけての中電における職場闘争は強力だったと思います。私の場合、職場に組織ができたら、その闘いは職場の人間に任せる。彼らが職場闘争の担い手になるわけです。そうしないと、あちこちに手が打てなくなります。

例えば一九六四年に大阪の大手前会館で長船社研と電通労研呼びかけの集会をやったことがあります（日韓・改憲阻止・反戦全国労働者学生集会・二千人）。その時、中電選出の議長は「おまえ、やれ」といって木村にした。長船は久保田が出てくる。そうした構造でやってきたわけです。

そうした中で芹生琢也（全電通近畿地本書記・その後連合書記局）が、二重権力論や職場ショップスチュワード(30)問題を出してきた。この時点で、私らの運動の行き詰まりがはっきりしていたと思います。

――それは大事な点なので、もう少し詳しく話してください。

中電の中では、職場闘争から何から、あらゆる闘いを全部やってきました。それは中電だけでなくて、電通労研が結成された全部の職場でも同様だったと思います。電通労研は最高時、二〇〇人を超していたのではないか。たとえば中央支部には同志社大出身の藤野興一がいるなど、学生運動上がりを全電通の書記に放り込んであります。そこからの独自運動で育った活動家の中には、私が名前を知らない人も数多くいました。

例えば私の知らない間に展開された浜寺闘争では、職場闘争として局長室の中に入り、局長が外へ出られないようにします。小便がしたいという局長にバケツにしろと言ったりして、二人が解雇になったわけです。この闘いを後から知って、「やり過ぎだ、節度を持て」と怒りましたが、その類の話しがいろいろとありました。あの闘いを継続していれば、おそらく近畿地本を獲得できたと思いますが、それをしていたら新左翼運動は変質し、終わりになっていたでしょう。

□中電の二重権力論─ショップスチュワード論とモンロー主義

──六九年のマッセンストライキは良くも悪くも新左翼労働運動の頂点だと思います。それを担ったブントの活動家集団による職場闘争力はものすごかったと思う。しかし結局、佐渡君たちがマッセンストライキという形で問題提起をして、活動家集団は潰れるわけです。しかも、中電労働運動の中での次の展望は見えてこなかった。芹生さんたちが藤田若雄の誓約者集団を問題にしたり二重権力論を出す、あるいはショップスチュワードの話を出したということは、その点と関係がありますか。

いや、二重権力論というのは、芹生が出したのではなくてわれわれのほうから出していたわけです。それは二重権力が電通の中で確立したという認識だったからです。しかし、一つの産別、一つの職場の中で労働者が二重権力をとれたとしても、それが地域に広がったらどうなるのか。あるいは社会との関係でどうなのかを考えない限りは展望が見えないという論争になるわけです。そのときに芹生が持ってきたのがイギリスのショップスチュワード運動をもう一回参考にしたらどうだろうかという意見。それと同時に、その前段階として地区で反戦青年委員会を作った場合、地区反戦がそれをカバーすることになるのではないかという討論が繰り返しやられたわけです。

六九年のマッセンが終わった後になると、各地区の反戦青年委員会は名前だけ残ったものの運動は全く停滞して、方向性を見失うわけです。しかし一方で、われわれが地域の運動として未組織の組織化問題も含めて提起すると、地区反戦を担った部分がもう一度結集してくる。中電での当時の私たちの存在に対して、当局側も含めて手が打てなかったと思います。

――そのあたりの話を実は私は、亡くなった伊藤さんと木村さんから二〇〇五年に聞き取りをしています。そのときに彼らが言っていたのは、中電マッセンまでいった、その総括も含めて職場の中だけではどうにもならない。したがって地域をどうするのかということで問題を考えざるを得ないのではないか。あの時期、入管闘争だとか神戸のアメリカ領事館闘争などを政治的な課題でいろいろやったが、どうも労働運動には馴染まない。その時、七〇年代の中盤ぐらいから港合同を中心とする地域運動が出てきて、「これだ」と感じて港合同に通うようになった。それで初めて中電の中だけで運動をやっていたのではどうにもならない、地域に出ないとどうにもならないということで、いわば中電引きこもりというか、中電だけの視点から一気に地域労働運動のところに視点が広がったというようなことを言っていましたけれども。

港合同モンロー主義

その問題意識が〝中電モンロー主義の脱却〟から出ているという点はそのとおりだが、木村の問題意識で欠落しているのは、田中機械自身がモンロー主義だった点に気づいていないことにある。そのモンロー主義を最初に指摘するのは、関生《かんなま》委員長の武建一(31)です。政党も政治活動もないまま、労働運動だけが継続するといびつになるから、あの運動は地域から出られないと指摘したわけです。

関西生コン支部は元々運輸一般傘下の組合だったが、生コン輸送労働者の組織であり春闘時にはコンクリート・ミキサー車をつらねて、大阪市内をパレードするなど、運輸一般らしからぬ闘争を展開していた。運輸一般から離れ、共産党と別れても運動スタイルは変わらず、ミキサー車パレードを見た菊永望が驚いて関西生コン支部を訪れたことから最初の交流が始まった。武委員長のやったことは、生コン輸送労働者の身分安定のために、中小生コン業者を協同組合に組織し、共に大手ゼネコンとの闘いを組織したことである。それが生コン産別のプライスリーダーの位置を勝取ったことである。その視点からすると港合同の運動に一家言あったと思う。

——武さんは、早い時期から港合同の運動がモンロー主義だと言っていたわけですか。

そうです。

もう一つは、私が見ていたかぎりですが、大和田さんの一言で港合同の組合員たちは全部納得してしまう。問題を抱えても反対意見も言わない。反対意見を言った労働者は順番に飛ばされていく。あるいは大和田委員長の元を去っていくわけで、歴代書記長は育たなかったですね。

たとえば七〇年代後半から八〇年代にかけて田中機械支部の書記長だった清水（直樹）さんの場

合は、松浦診療所をめぐるトラブルです。松浦診療所は労災職業病のために全港湾と港合同が資金を出して開いた診療所で、医者には京大全共闘系が就任しました。ところが診療所の看護婦や事務員が中核派系で、医者を無視して言うことを聞かない。灘高から京大医学部に進み、「赤ひげになりたい」といって松浦診療所に入った若い医者は一年ももたなかった。「前田さん、医者が病人のためにこき使われるのは理解できます。事務員に命令されて、言うことを聞かないと罵声を浴びせられるところで働く気はありません」と言って松浦診療所をやめたわけです（その後、阪神医生協に入る）。

そのような状態を見ていた橋井美信さん（松浦診療所理事長・大阪亜鉛支部委員長）と清水さん（同筆頭理事・田中機械支部書記長）、津嶋茂夫さん（同理事・細川鉄工支部委員長）は、運営委員会の立場から「おまえら一体何をするのだ」と言って事務職員と大ゲンカになりました。

ここからがややこしい話になりますが、かつての五地区反戦出身者（大石君）が組織した合同労組の中に松浦診療所の職員が入っていたため、診療所に押し掛けてきたことがあります。その時、診療所の前で「ここからは一歩も入れない」とピケを張ったのが橋井さんと津嶋さん、清水さんです。彼らは港合同委員長の大和田さんに「私は港合同から選出された理事として責任を果たしているが、今の状況は見るに耐えない。この事態に対して港合同労働者も協力してもらわないと困る」と言ったところ、「おまえ、いつまでも港合同選出の理事と思っているのか」、「おまえが正しいと思っているのなら一人でやったらいい。それに港合同が責任を持つことにはならない」という言葉が返ってきたそうです。それで今度は橋井さんと津嶋さんが怒った。橋井さんはその場から黙って帰ったが、同席していた清水さんは辛抱できなかったそうです。その日、夜の一〇時ぐらいまで二人のケンカが続いた末に、清水さんは「奴隷のような形で労働者をみるのなら、おれは今日限りやめさせてもらう」と言って帰った。この話は田中機械の中に緘口令がひかれて、一カ月ぐらい外部には漏れなかったわけです。清水さんがやめた理由には、そういうこともありました。

津嶋さんの場合はそれ以降になります。南大阪全金共闘会議の役員になった津嶋さんは、松尾橋梁や地域の全金の指導にあたります。その闘争の過程で彼は港合同としての方針を聞きに行くのですが、大和田さんに「全金南大阪の津嶋だ。港合同に持ってくるな」と言われ、本人はハシゴを外されたと感じて、距離をおくようになったと聞きました（このことを知ったのは一九九二年に私が中電を退職した時、清水さんが天王寺の中華料理店で開いてくれた「ご苦労さん会」でした。私以外にゼネ石・羽多野、国労・森村、市職の町田、小寺山に津嶋さんも来ていて、その時に二人から初めて聞いた話です。）

□中電モンロー主義から北大阪の地域運動形成へ

――結局、木村さん・伊藤さんたちは港合同、あるいは大和田さんの運動について美談にし過ぎているところがあるという立場ですね。ただ、客観的に見れば、地域運動にもう一回挑戦しないと、マッセンで打撃を受けた中電の運動の次の展望が出てこない。そのような中電運動の歴史的な構造からいうと、港合同を含む地域運動と結合することによって次の局面に広がったことは事実ではないでしょうか。

その通りです。港合同の運動から次の広がりに向けて、北大阪の共闘会議もつくるべきだということになります。全金岩井計算センター支部と全港湾建設支部のフジタ、大毎広告、SSK（佐世保重工）竹林闘争などが争議として始まって、北大阪としてそれらの闘いの全部と組もうということになります。「国鉄労働者への差別にだまっとられん北大阪の会」も生まれます。

――大毎広告争議というのは三里塚闘争の被告でもあった阿木幹子さんの話？

阿木も含めた女性三人。そこには中電以外に鉄郵のメンバーも来ていましたが、国鉄分割民営化で鉄郵が解体された段階の後はどうなったのか分かりません。

□大阪集会の一〇年間

――北大阪の地域共闘が広がったのと並行して、七七年になると第一回大阪集会が開かれて、『労働情報』の発行が始まります。この大阪集会は八六年二月までの一〇年間、毎年開かれましたが、大阪の運動にとっての影響はかなり大きかったのではないでしょうか。

その通りです。具体的にいうと、大阪の中でも全金や大教組がよく応援してくれました。それから社会党の社研派（佐々木派）。佐々木派の系列には山敬（山本敬一・元全港湾関西地本委員長）さんがいたし、全金の竹本明夫委員長、大教組の東谷敏雄委員長たちが全部協力してくれます。

――教組といえば勤評闘争時の日教組書記長、平垣美代司さんも大阪総評で活動していましたね。

平垣さんは個人として、『労働情報』や大阪集会に初期からかかわっていました。

平垣さんが病気療養で最後に中国に行くときも伊丹空港で見送ったのは私と清水さん。帰ってきてから亡くなった時も、私と清水さんが葬式に参列したのですが、そのときまで平垣さんが敬虔なクリスチャンということを知りませんでした。田中機械でやった集会（一九七九年の第三回大阪集会）の集会宣言文執筆は平垣美代司さんです。

大阪集会はその後、解放会館では狭いということになって、中ノ島公会堂の大ホールでは二回ぐらいやったかな。

――もっとやりましたよ。中ノ島公会堂での集会は一九八一年の第五回を皮切りに、最後の第一〇回までずっと中ノ島の大ホール。ここまでで七〇年代が終わって八〇年代に入るわけですが、そうなると次は労働戦線の再編問題です。

第二部注

（1）高野実：一九〇一～一九七四年　一九二一年早稲田大学入学後、社会主義学生団体「文化会」を組織。二二年日本共産党（第一次）入党、同二三年検挙。猪俣津南雄に従い労農派で労働運動（全評）。戦後は全金同盟主事から総同盟主事へ。その後、新産別と合流して一九五〇年に総評結成。翌五一年に総評事務局長。「平和四原則」を掲げた高野総評は〝ニワトリからアヒル〟へ。「家族ぐるみ・地域ぐるみ」闘争を展開した後、一九五五年に太田―岩井ラインに敗れ、総評事務局長辞任。その後は全国金属の強化に力を尽くす。岩井ラインの岩井は岩井章。岩井（一九二二～一九九七年）は国労中央執行委員から総評事務局長（一九五五～一九七〇年）。事務局長退職後も国労に影響力。総評解散に反対し市川誠、太田薫とともに労研センターを結成、全労協発足に尽力。政治的には向坂逸郎の社会主義協会と協力した。

（2）市川誠：一九一二～一九九九年　全駐労委員長（五三～七〇年）から総評議長（七〇～七六年）。『労働情報』代表（八二～九二年）、同顧問（七七～九五年）。総評解散反対の三顧問声明（八一年）から労研センター代表委員（八三年）に就任、全労協発足（八九年）に尽力。

（3）佐藤忠義：元八幡製鉄労組副組合長。

（4）平坂春雄：元全港湾関西地本書記長。著書『頑張るオルグ：平坂春雄労働運動論集』（刊行委員会：一九八八年）

（5）吉岡徳次：一九一七～二〇〇五年　全港湾中央執行委員長（七四～八六年）、総評副議長（七八～八六年）。日中労働者交流協会会長。

（6）山川暁夫：一九二七～二〇〇〇年　東大経済学部入学後、共産党本部の青年学生担当。六〇年代にはペンネーム「川端治」で活躍。七一年、新日和見派で共産党離党。以後、山川暁夫名で政治・軍事・労働などで多彩な論評（本名・山田昭）。

（7）藤田若雄：一九一二～一九七七年　労働法学者　東大社会科学研究所から一九六八年同教授、七三年国際基督教大学教授。労働組合を誓約者集団ととらえる理論を展開。『労働組合の構造と機能』、

『藤田若雄著作集』など。

(8) 神林章夫：一九三八～　東大社会科学研究所助手、八一年信州大学経済学部教授。八九年退官。同年カスミストア副社長。

(9) 矢山有作：一九二四～　元衆議院議員・元参議院議員、社会党中執。日本原駐屯地・国鉄・苫田ダムなど人権・平和問題に積極的に取り組む。

(10) 志賀義雄：一九〇一～一九八九年　戦前からの共産主義者で獄中一八年を経験。戦後、日本共産党中央委員、衆議院議員二期。一九六四年、部分核停条約に賛成して共産党除名、同年日本共産党(日本のこえ)結成。

(11) 志田重男：一九一一～一九七一年　戦前、共産党に入党し投獄。戦後、中央委員・政治局員・書記局員。五〇年の公職追放後、非合法活動の軍事委員長。六全協で合法活動に浮上後、五七年に財政問題などで除名。

(12) 平垣美代司：一九一七～一九八四年　日教組書記長(五三～五八年)として勤評闘争を指導。六八年に大阪総評事務局長就任(七二年まで)。反戦青年委員会を擁護。

(13) 小野木祥之：一九四〇～二〇一二年　全石油ゼネラル石油労組副委員長。七〇年に組合活動を理由に解雇。八年間の闘争で和解、復職。著書に『偏芯してますか、ご同輩―日本的経営とのつきあい方』(一九九一年)、『公害発生源労働者の告発』(横山好夫との共著・三一新書・一九七一年)など

(14) 原全五：一九一二～二〇〇三年　一九三二年共産党入党。金属労働運動を組織。戦後は大阪府委員会で同じく金属労働運動。六一年の綱領問題で離党後、社革新、統社同を経て労働者党で活動。

(15) 『季刊労働運動』：同誌には第一期と第二期がある。第一期は一九七一年、関西労活のイニシアティ

ブで「右翼的再編と対決し、戦闘的・階級的労働運動の構築を目的」（『季刊労働運動』の再刊にあたって・菊永望・一九七五年）とする雑誌として六号（七四年）まで発行。第二期は七五年から。発行所を東京に移し、柘植書房を版元として四〇号（八五年）まで発行。新左翼系の労働運動媒体として『労働情報』誕生の契機となった。

（16）『労働情報』：一九七七年、新左翼系・総評旧高野派・社会党左派系が合流した媒体として創刊。顧問に市川誠前総評議長、松尾喬前総評副議長（全国金属前委員長）、兼田富太郎前総評副議長（全港湾前委員長）、清水慎三信州大学教授（肩書はいずれも一九七七年当時）が就任、スト権スト（七五年）の敗北で展望喪失中の活動家を再結集。八〇年の有料部数一万一千部がピーク。九五年に経営母体を協同センター・労働情報に移行し今日に至る。

（17）横山好夫：一九四〇～二〇〇四年　五八年、東工大付属高校卒業後ゼネラル石油精製に入社。七〇年、組合活動を理由に解雇。ゼネラル石油労組事務局長（組合専従）として八年間の闘争で和解、復職。『季刊労働運動』編集長に就任後、九〇～九二年『労働情報』編集人。二〇〇〇年定年退職。著書に『公害発生源労働者の告発』（小野木祥之との共著・三一新書・一九七一年）

（18）六甲会議：七二年に生まれた新左翼党派、新左翼労組活動家による非公開フラクション。七四年の戸村参院選（戸村一作三里塚反対同盟委員長を新左翼共同候補として参議院全国区に擁立）や『季刊労働運動』、『労働情報』発刊、労働戦線の右翼再編にかんして不定期に会合が開かれ、イニシアティブグループとして一定の役割を果たす（八〇年代中盤まで）。

（19）戸村一作：一九〇九～一九七九年　旧制成田中学で同校教師の中野好夫（文学者）から薫陶。二六歳で洗礼、クリスチャンに。一九六六年、農民の要請で三里塚空港反対同盟委員長に就任。六七年、反戦労働者・三派全学連とブロックを組む。七四年、参議院全国区に新左翼系統一候補として立候補（一二三万票）。二科会会友、闘争をテーマにした油絵、彫刻。著作に『小説・三里塚』など。

(20) 吉田四郎：一九二六〜二〇一二年　大阪・箕面生まれ。陸軍予科士官学校で敗戦。復員後直ちに共産党入党。四七年、大阪府地方委員候補・山本徳二、上坂喜美らと組織活動指導部に入る。四八年大阪市委員・組活部長、四九年北海道オルグから北海道地方委員長となる。六全協後、大阪に戻るも、任務放棄・分派活動？を理由に除名。以後、企業活動に入る。七二年、大阪法華クラブで、旧国際派の原全五、山本徳二と所感派だった御田秀一、上坂喜美等の間で、新左翼系も含めたオール左翼の統一戦線で参議院全国区に三里塚の戸村一作を擁立し、足尾鉱毒事件の田中正造の戦いとオーバーラップさせ「襤褸の旗」の映画制作と上映運動を提起してきた。費用は吉田がこの間の企業活動で得た資金を投入すると表明。六甲会議は賛成し、常東農民組合の山口武秀に協力を求め、さらに訪中団を派遣することとなる。戸村選挙後も、大阪集会にも顔を出し、田中機械の大和田委員長との話し合いで、田中への発注企業の紹介等の協力をする。奇しくも大和田委員長と同じ二〇一二年に破天荒の人生を閉じた。

(21)『襤褸の旗』：制作・一九七四年、監督・吉村公三郎、脚本・宮本研、撮影・宮島義勇、キャスト・三國連太郎、荒木道子、田村亮、西田敏行、中村敦夫、志村喬ほか、解説・明治時代、公害・環境破壊と闘った足尾鉱毒事件の田中正造代議士の半生を描く。制作当時、背景にあったのは三里塚（成田）空港問題だったが、福島原発事故後、鉱毒汚染と放射能汚染をダブルイメージでとらえた上映会が各地で開かれている。

(22) 上坂喜美：一九二四〜二〇〇七年　逓信官吏練習所出身。大阪中央電報局で共産党入党、二・一ス

ト指導後に関西地方委員会の常任となる。共産党非公然指導部で活動。六全協後に印刷業、七〇年代から三里塚闘争にかかわり、七四年に同闘争に連帯する会代表。その後、関西共同行動の呼びかけ人にも名を連ねる。

(23) 宮島義勇：一九〇九～一九九八年　撮影監督。横浜高等工業卒業後に松竹鎌田撮影所。戦後、東宝争議を指導してレッドパージ。共産党書記局で活動後、独立プロダクション（近代映画協会、にんじんくらぶ）で撮影監督。キャメラマンとして『人間の条件』（小林正樹）、『飢餓海峡』（内田吐夢）、『愛の亡霊』（大島渚）、『襤褸の旗』などを撮影。

(24) 吉村公三郎：一九一一～二〇〇〇年　映画監督。一九二九年に松竹鎌田撮影所。戦後、新藤兼人と近代映画協会設立。『安城家の舞踏会』（一九四七年）、『襤褸の旗』（一九七四年）などの監督。

(25) 松尾喬：一九一五～一九八二年　一九三二年、全労統一会議京都地区書記として労働運動を始める。一九四八年、高野実総同盟主事のもとで組織部専従。一九五八年に全金書記長、一九七〇年に同執行委員長（七六年まで）、同年に総評副議長（七五年まで）。一九七七年の『労働情報』発刊と同時に発行人に就任（八二年まで）。一九七〇年に日本ベトナム友好協会副理事長、同副会長。

(26) 兼田富太郎：一九一〇～一九八五年　一九二七年、大阪市電自助会（大阪市交通労働組合）で労働運動を始める。戦後、全港湾結成と同時に中央執行委員、一九五二年に中央執行委員長（一九七四年まで）、五八年に総評副議長（七五年まで）。七七年に『労働情報』顧問（八五年まで）。七四年に日中労働者交流協会を設立、会長に就任（八五年まで）。

(27) 大和田幸治：一九二七～二〇一二年　一九四六年に三菱化工機（後の田中機械）入社。同盟傘下の組合で闘いつつ一九六四年、全金加盟を果たす。六〇年代後半から田中機械支部委員長、全金港合

同事務局長として地域闘争や田中機械破産突破闘争（七八〜八九年）を展開。著書に『企業の塀を超えて』（二〇〇一年）

(28) 師岡祐行：一九二八〜二〇〇六年　日本史学者　五九年、立命館大学院卒。七三年、部落解放同盟本部機関紙『解放新聞』主筆。七七年、京都部落史研究所を設立し所長に就任。代表的著作に『戦後部落解放論争史』全五巻（柘植書房・一九八〇〜一九八五年）

(29)『ピヨピヨ』：六九年のマッセンスト敗北で中電労研の主軸、ブントの影響力が後退し、代わって勢力を拡大したのがインター。中心は古参組合員の伊藤（修身）、木村（保博）の二人で、『ピヨピヨ』は党派的なものへの反発などをテコに発行された。

(30) ショップスチュワード：shop steward　職場委員と訳されることもあるショップスチュワードは、組合本部に代わって職場交渉を行うなどの独自の権限を持ち、イギリス労働運動の戦闘性を支える存在。一九七〇年代、イギリスでは組織人員が飛躍的に拡大したが、そのテコとなったのもショップスチュワード。なお、サッチャーはショップスチュワード解体に執念を燃やし、その標的とされた英炭労を敗北させて新自由主義に道を開いた。

(31) 武建一：一九四二〜　労働運動家　全日本建設運輸連帯労働組合関西地区生コン支部委員長。一九六六年、関生支部の結成に参加、初代委員長に就任、市川誠前総評議長の助言を受け、総評に加盟する。

第三部　労働戦線の再編と民営化の中で（一九八一年〜二〇一四年）

第一章　労働戦線の再編と民営化攻撃

時代を語る Ⓧ　一九八一年

一九八〇年に入ると労働戦線の統一問題が急速に浮上してくる。大手民間労組主導（統一準備会）の労戦統一は再編の綱領として「進路と役割」を掲げた。その内容は反共と選別で貫徹されていた。この綱領への賛否をめぐって左派労働運動の内部には大きな亀裂が入り、さらに国鉄・電電の民営化が総評の要、公労協の解体攻撃として登場してきた。ここから一〇年間の苦闘がスタートする。

□八〇年代における労戦再編と民営化をめぐる攻防―全電通の場合

――新左翼労働運動の全国集会という側面からすると、第三回大阪集会は一つのピークと言っていいですね。ところが翌々年の一九八一年になると、富塚三夫総評事務局長(1)提案の補強五項目提案(2)を含めて労働戦線の再編問題が出てきます。それに対応してわれわれの側からは全国労組連や労研センターなどの動きが始まります。

その段階の労戦再編で中心になるのは全造船出身で中立労連の委員長経験者である佐藤芳夫（全造船石川島分会）と西村卓司（三菱長船労組）、川崎の早川寛（全造船鶴造分会）などが中心になって、自分たち自身の問題であるという討論が始まっていきます。全国労組連の動きが始まるのはここからですが、この問題は後ほど詳しく話します。

もう一つ重要なのは、労戦再編問題と民営化の動きがセットで出てきた点でした。全電通では、ここから片山甚市と山岸章の対立が始まります。前年まで民営化絶対反対を言っていた山岸は、徳島大会の中で専従者を集めて民営化了承を宣言します。一方、電電公社は民営化に反対していた次期総裁候補北原を排除して、民営化推進の真藤恒（石川島播磨重工業社長）が総裁になるわけです。

そのとき、山岸と金丸信[3]との会談の仲立ちとなったのが小島弘（六〇年安保ブント・全学連中執及び書記局共闘部、当時は新自由クラブ事務局長）です。その中で民営化にともなって、どのくらいの人数を減らせるかという数字と、民営化協力の話が出てくるわけです。この動きを見れば明らかなように、民営化と労戦再編はセットの動きになっています（小島弘が仲立ちした金丸・山岸会談を後から知った私は唖然となりました）。

これに対して片山甚市（片甚）が参議院の逓信委員会の中で猛烈に反対します。ところが突然、中央本部決定で政治委員から片甚が外されるわけです。今度は片甚が怒って、全国の片山派といわれるメンバーをオルグして、「単独でも旗をあげ、民営化反対でがんばれ」と檄を飛ばしますが、うつむいて誰も返事をしなかったそうです。私がその事実を知ったのは、中電の大会に来た片甚が挨拶の中でそれを暴露したからです。

片甚は涙を流しながら次のようなあいさつをしました。「私は片山派などと言われて中電での評判は良くなかったが、電電公社の民営化には絶対に反対だ。国民の財産である公共事業を民営化するとはなにごとか。ところが民営化反対と言った途端に、議員として与えられている全電通の顧問と政治委員から外され、来年の選挙からは推薦しないと言われた。しかし闘う伝統のある中電は頑張ってくれ。おれも個人でやれるところまでは頑張る」と。

ここまで言うのかと私は本当に驚いたのですが、それは私だけでなかった。私の横にいた真面目な共産党員活動家（六一年、解体後に入党）が片甚の話に感動して、「前田さん、民同は打倒の対象と思っていたが、片甚ってどういう人間ですか」と聞きにきたほどです。

私はマッセンストで被告になった佐渡の裁判の証言に立った片甚を見たときから感じていましたが、民同であると固定的に決めつけるやり方は取るべきではない、と。いろいろな考え方があるのを認めたうえで、おのれの基盤をどこに置くか、労働者に置くのかどうかによって幹部の資質は分かれます。その意味でいうと片甚は、私たちと対立したし、ケンカもいろいろとしたが、彼なりに職場と労働者に基盤をもとうとしました。そういう人たちとの間ならば、関係性として討論は成り立ち得ると思うのです。

□山岸章と宝樹文彦――資質の違い

山岸章はそれとは違っていました。山岸は本部に行く際、中電の大会で宣言したんです。「私は本部に行きます。二度と大阪には来ません」と。山岸は中電で評判が悪かった。彼はそれを自覚していました。一方、片甚は、中電に来たら必ず食堂で組合員にあいさつするので、評判がよくなる。民同派の中の一定の部分には、そういう違いがあったと感じているわけです。

私は全逓の宝樹(4)を見てびっくりしたことがある。事情があって、急遽、われわれの会議を日曜日にやることになった。『労働情報』の組織委員会の会議だった。全逓会館（水道橋）でやりました。その会議の途中、私は便所に行った。すると、一生懸命に便器を洗ったり掃除をしていたステテコとランニング姿のおっさんがいた。困っていると、そのおっさんが「君たち、こっちがきれいになったから使っていいよ」と声をかけてきました。

私は、全逓会館では掃除の人も挨拶するし、丁寧にやっているなと思って出てきた。あとで全逓の横山（喜一・東京貯金局支部）に「あの人は知り合いか」と聞いたら「宝樹だ」というのだ。私は「へーえ、あれが宝樹さんだったのか」と驚いた。ついでに「山岸とは大違いだな」と痛感もしました。

□電電不正経理が暴露され、職場労働者に怒り爆発

一九八〇年五月二九日付「毎日新聞」朝刊が報じた近畿電気通信局のカラ出張問題は、その後、各方面に波及しました。一二月に入ると会計検査院が「近畿通信局を筆頭に全国で不正経理が横行

し、そのうち三割は合理化計画を控えて労組対策に使用した」と政府に報告する事態となりました。

大阪中電の職場ではこれまで「緊急・非常事態（地震・水害）以外は超過勤務はしない。必要なら人員を確保せよ」というのが基本的要員対策であったから、職場の怒りは沸騰した。自分らの飲み食い・遊興だけでなく、合理化推進のための労組対策費用を捻出するために「カラ出張」を繰返し、様々な名目をつけて金を浮かしてきたのか。浪費の報道を知るや職場が憤るのは当然であった。

大阪中電・印刷通信部会（印通部会）は職場集会を再三にわたって開催した結果、六月二七日付で全電通近畿地本に質問状を提出した。その要旨は「五三年～五四年の第六次合理化推進のため、ざっくばらんな話し合い・饗応の費用・全国大会出席に餞別として金一封」が渡されたと具体的に報道された点はどうか、など事実関係の解明を求めていた。従来から北新地や南の宗右衛門町での派手な飲み食い、タクシーチケットの使い放題は社宅の中でも話題になっていた。管理部門の社員と現場職員との差が歴然として、その格差に家族からも不満の声が上がっていた。組合役員もタクシーチケットを持っているとの噂も飛んでいたのです。

その一方で、地本・支部は「印通部会」の対応は組織的でないとして抑えにかかる場面もあったので、印通部会長の木村保博と前執行委員の私が、この問題を連名で大阪地検特捜部に告発したんです。組織問題も配慮して個人の名にしたのだ。こうした問題は近畿が突出していた。だが全国的にも見られたことで、いかに労使癒着が進行していたか、その一部が露呈されたのだった。この傾向は全電通だけでなく他の公労協の中でも普通に見かけられる光景だったのだ。中央委員になればゴルフセットが貰え、委員会の前後にはゴルフに行くのが常態だった。そんなうわさはいつも転がっていた。身に覚えのある人はいるだろう。

事件の結末は、総裁、地方局長を始め管理者から四億六千万円の弁済と、近畿の場合は経理担当管理者の責任辞職で終わってしまったが、後日、政府は電電体制の刷新と称して経団連の土光敏夫に民間からの起用を求め、真藤恒が総裁として登場することになる。以後、民営化の萌芽はここから始まるが、真藤自身はリクルート事件で失脚して終わった。

□中電という職場が消えた

――民営化に関してもう一度大阪中電の話に戻します。中電では職場闘争を二重権力状態になるまで目一杯やったと話されましたが、それに関して悔いは残っていませんか。

その成果は中電がなくなる日、中電が中ノ島の建物から出ていった時まで続いていたと思います。NTTは電報の集中化にともなって中電の機能を解体します。

集中化するのなら場所は全国のどこでもよい。中ノ島の一等地に電報局を置く必要はないわけで、最初は神戸と京都に電報センターの受付局を変えました。今はさらに激変して沖縄と秋田に変わっているらしい。だから、前の概念と全然違っています。

中電から出ていく最後の日（二〇〇二年）は何とも言えない光景でした。われわれは大阪電通合同労組を結成していましたが、「最後の日なのだからわれわれも顔を出し、知っている労働者に挨拶をしよう」と出かけたわけです。局の前に行くと明らかに共産党員と分かっている女の子が「前田さん、これで中電が終わった」と言って泣きながら抱きついてきます。やはり彼らも党派を超えて、「中電の職場環境は自分たちで闘いとったものだ」と感じていたのでしょう。

そのなかの男が一人、市外電話局に転勤になりました。市外電話局の厚生課に配属された。その男が局主催の二泊三日のスキーレクに行きたいと休暇を頼んだそうです。ところが「うちの人員はギリギリだから休暇には反対だ。どうしても行きたいのなら、死なないように気をつけろ。死んだら人間の補充ができないからだ」と怒鳴られたらしい。その男は「おまえ、一体それはどういうことや。おれら中電でそんなこと習ってへん」と怒って、それから活動家になったという話です。中電から配転された場合、中電での労使の関係を見ていた組合員が他局で活動家になっているというケースが多かったようです。

□労研センター、全国労組連

――労戦再編での全国労組連の話をしてください。

労働戦線再編のとき、まず八三年に諏訪で開いた集まりを契機にして労研センター(5)ができます。労研センターの旗揚げには岩井章事務所、太田薫(6)事務所、市川誠事務所の三つから人を派遣することになります。岩井事務所からは吉原と松本、太田事務所は島野、市川事務所からは私と今野。実際には今野と吉原と島野が事務局として動いたわけで、全労協結成の時点ではこの三人が長期政策委員になりました。

――もう一度、時間軸を八一～二年、労戦再編問題が出てきたときに戻しますが、八一年に総評の富塚事務局長が「補強五項目」提案を出して、労戦再編が初めてオープンになります。その年の八月には市川、岩井、太田の三顧問声明が出て三顧問集会なども行われ、労研センターに向かう動きはじまるわけです。もう一方で、『労働情報』のほうは西村卓司さんが中心になって、「おれたちは社会党協会派の後塵を拝して、労研センターという形でいくだけでいいのか。われわれの側も左翼結集をやらなければならない」ということで、佐藤芳夫さんを軸にした動きが出てきます。いまから見れば、表現は悪いが〝新左翼版統一労組懇〟運動です。新左翼側の労組結集として全国労組連に向けた動きが始まりました。そのあたりを前田さんはどう認識していましたか。

その前の問題として全労活が最終的に行き詰まり、都労活の再編が始まって根岸さんが都労活から離れていく。それを受けて全国労組連運動が提起され、東京では足立実さん（東京東部労組）と渡辺勉さん（全国一般東京南部）が中心になる。全国労組連のシャッポには杉本昭典（昭和化工労組委員長・当時）、平坂春雄（全港湾関西地本書記長・当時）を担いだけれども、実際に東京で中心的にやったのは足立、渡辺と横山好夫（全石油ゼネラル石油労組副委員長・当時）という動きです。

□「労働情報・全国労組連」訪中団と日中労働者交流協会

一九八五年のことですが、中華全国総工会結成六〇周年慶祝記念大会への招待状が市川誠さんに寄せられました。そこで当時のわれわれは、「労働情報・全国労組連」第一次訪中団を組織することになります。市川さんを団長にして、副団長・樋口篤三、秘書長に東部労組委員長の足立実、副秘書長・前田、団員は全港湾・平坂春雄、日教組札幌支部・山田順三、長船・西村卓司、全日建中執・工藤誠、自治労大阪・町田有三、ゼネ石・横山好夫、全逓東京南部小包・吉野信次、労働情報・高幣真公、港合同・浜里幹昭、私鉄京成・宮川安法という総勢一四人のメンバーです。

人民大会堂での祝宴と北京メーデーに参加し、延安―西安―南京―上海を訪ねるという日程。その中の南京ではバスで移動中に江東門で虐殺された白骨遺体の発掘現場を直視することになり、記念館完成時には鎮魂のオルゴール付きのウエストミンスター型大時計を贈呈することを確認したものの、「虐殺当事国からの贈物は不要だ」と記念館はウンと言わない。中に入った江蘇省総工会と南京人民政府が「彼らは友好人士だから」と説得して届けることができたわけです。市川、平坂、山田の三氏が届けて以来、市川誠揮毫の「不戦の誓い」の石碑が市川没後、記念碑建立委員会の吉岡徳次、平坂春雄の銘入で建立され、今に至っています。現在でも日中労働者交流協会は一二月の記念日の式典には参列しているのです。

なお、「労働情報・全国労組連」訪中団は第一次のみで終わり、以後は日中労働者交流協会（市川誠没後は吉岡徳次に会長がかわり、平坂春雄は事務局長として継承される）で継承。顧問として中島誠・山川暁夫が入り、天安門事件後の中断時期があったが総工会の要請もあり復活することになります。

□大阪集会の終焉と一〇月会議、東京集会のはじまり

――東京での全国労組連の動きをひとことでいうならば、民間の労働組合の姿がなかなか見えてこないという印象でした。

その点をふりかえると、全国労組連の展望に関して、関西の方が労働組合としての層が厚いと言えたのではないか。単産としての全港湾関西地本や全金港合同は、全国労組連にはつながらないものの労働運動としてはその後、関西生コン（関生）が登場してきます。全港湾も関生も全労協にはならないが、独立組合として連合にもいかない。そうした「かたまり」が関西にはできたわけです。しかし、関東ではそのように力のある労働組合が見当たりませんでした。全労協の結成段階で都労連が加わりましたが、都労連傘下の組合は連合との二重加盟ですからね。

□組織選択を迫られた大阪集会の苦悩

――ここでもう一度、労研センターと全労協、全国労組連の関係について、私（江藤）の私見を述べてみます。

労戦再編が始まって一九八三年に労研センターが立ち上がった段階での『労働情報』の感覚は、

労研センターが本当に左派ナショナルセンターまでいきつくのかどうか、まだ海のものとも山のものとも分からないというのが実感だったように思います。したがって一方で、新左翼的な労働組合の結集体、すなわち全国労組連的な塊を準備しなければならない。全国労組連準備会のたち上げは一九八二年ですが、いま振り返ってみると連合の前身である全民労協に対抗する組織が本当にできるのかどうか、こちらも半信半疑だったというのが私の実感です。

しかし、総評の解散は既定の路線として動いているので、何らかの組織的動きをせざるを得ない。したがって『労働情報』サイドでは、左派ナショナルセンターに向けた結集体としての労研センターと新左翼系労働組合の塊としての全国労組連、大まかにいえばその二本立てで進んだと思うのです。

当時、『労働情報』につきつけられていたのは、総評解散に対応した組織的選択でした。全民労協（後の連合）が提示した労戦再編綱領である「進路と役割」は選別をはらんでいましたから、連合承認は思想的な屈服に思えたのです。したがって一九七七年から始まった『労働情報』的な結集は、思想的な左派性だけではなくて組織的な選択をともなった結集に変化せざるを得ないのではないか。このような考えから、大阪集会は一九八六年の第一〇回集会で終止符を打ち、東京に舞台を移す（一九八七年の一〇月会議の結成）ことになったわけです。しかしこのような対応は、『労働情報』内部に深刻な亀裂を生じさせますが、それはもう一度後で触れます。

当時の私の心境を率直にいうならば、そのような重苦しい状況に風穴を開けたと思わせたのが一九八六年一〇月の国労修善寺大会でした。国労左派が国鉄の民営化に反対する修善寺大会で勝利したことで、民営化とセットであった労戦再編に左の旗が立つのではないか。国労を軸にした総評左派の結集体実現の可能性が一挙に高まったと思われました。そして、全国労組連のような裸一貫での新左翼的結集をやらなくても何とかなるのではないかという雰囲気が生まれたと思うのです。そのような雰囲気はありましたよね。

あったと思う。

□連合をめぐる『労働情報』系の深刻な対立

――先ほど触れた『労働情報』内部の対立に話を移します。『労働情報』の個々の活動家が所属している労働組合は大挙して連合にいくわけで、連合内の活動の位置づけをめぐって、見解の相違が鋭く表面化していきましたね。

連合の結成が具体化していく中で「おれたちはどうする」という問題が『労働情報』系活動家の中でも表面化したが、そうした中で「二足のわらじを履く」という態度を決めたのが全金田中機械支部でした。全金が全金同盟と合併して金属機械に変わって連合に入る以上、金属機械を脱退するわけにはいかないから、連合と全労協の両方に入る。そのことを前提として、表向きは大阪亜鉛支部の橋井さんが全労協の呼びかけを発したわけです。ところが田中機械は大阪亜鉛の組合事務所になだれ込んで亜鉛の執行部を一掃し、新しい執行部をつくりました。その時点で大阪亜鉛の百瀬書記長や委員長の橋井さんが放り出された。それをめぐって大阪亜鉛の橋井さんと百瀬さんが民事裁判に訴えたわけです。労働者弁護団の中で誰が裁判を引き受けるのかとなった時、唯一引き受けたのが中北龍太郎だったというエピソードも生まれました。

大和田さんの頭の中には「港合同は一体化」という前提を崩すことはできない。崩すと港合同の影響力がなくなると思っていたのでしょうね。私は急遽、事態の解決のために西村卓司、足立実、樋口篤三、横山好夫らを梅田の丸信旅館に集め協議の場を設けますが、港合同は出席しない。私一人で田中機械に出向き出席を要請しました。しかし、「前田は港合同に泥を塗ったのか」と怒鳴られ、大論争になりますが、態度は変えられず、私は田中機械を去ることになります。『労働情報』の支局も山原の自宅に移すことになり、私たちは以後港合同と別に歩むことになるのです。自治労や教組では、態度を曖昧にしたまま労組連や『労働情報』と別れていったことを考えると、港合同の立場は地域拠点として独自の道を選んだことになるのかもしれません。

□『労働情報』の行く末も問題に

もう一つ今まで触れていない点として、『労働情報』をどうするかという問題が残っています。今野（『労働情報』事務局長・当時）は全労協が結成された段階で、『労働情報』は役割を果たしたのだから終了させたらどうか、という問題が発生する、その論争が起きることを察知していたと思います。『労働情報』が発行されたとき、編集スタッフと事務局は各党派がボランティアとして送り込んできました。そうでなければ、財政基盤がまったくなかった『労働情報』の発行は不可能だったからです。しかし各党派が、これで役割は果たしたという結論を持った。そこで今野は『労働情報』を全労協新聞に切り替えると言った方式を検討していました。しかしもう一人の全労協長期政策委員の吉原節夫（岩井事務所）から「それは無理だ」と言われて断念したわけです。

そうした中で、一つの可能性として登場したのが東水労の関係です。解放派系とみられていた東水労は発刊当初の『労働情報』には距離を置いていましたが、一〇月会議には積極的に取り組んでおり事務局にも栃原裕君が出てきます。同時に『労働情報』ともかかわる方向に舵を切りました。これを契機に『労働情報』は体制が大幅に変わっていくことになります。

第二章　労研センター結成と国労修善寺大会

時代を語る⓫　一九八五〜一九八六年

労戦再編に対応するため、『労働情報』サイドは二つの戦術を立てた。一つは自らの組織的対応としての新左翼版統一労組懇＝全国労組連の立ち上げであり、二つ目は総評解散に反対する三顧問声明（市川・岩井・太田の総評三顧問）を軸とした総評左派の結集である。後者はその後、労研センター、全労協へと結実していくのだが、この動きを確定させたのが国労修善寺大会（一九八六年）での左派勝利であった。しかし時代はバブル全盛を迎え、左翼労働運動は徐々に対応力を失っていくのである。

□総評三顧問声明と労研センター

――八〇年代に展開された労研センター、国労の修善寺大会、全労協の結成という流れをもう少し詳しく、話してください。

まず総評の三顧問声明（八一年＝太田薫・市川誠・岩井章）が出て、それに基づいて地県評の代表者会議的性格の会議を八一年秋に京都で開きました。ここに三顧問と京都総評や静岡県評など四つが集まって、労研センターの方向性が決まったわけです。翌年の八二年一二月、長野県諏訪市で労研センター結成準備会が開かれましたが、その段階でもまだ組織イメージはでき上がってきていません。

労研センターを担ったのは太田、岩井、市川の三事務所ですが、実態は社会主義協会の太田派と岩井派、それから新左翼を含む『労働情報』系としての市川派ということになります。その中でも市川派は総評解散を前提として新たな組織的結集をめざすべきだという見解ですが、長らく総評主流に身を置いてきた太田、岩井のグループは組織的結論に踏み出せないわけです。この段階になって今野求は、樋口篤三さんがいたものの市川派の実質的な中心になっていたと思います。

□国労修善寺大会をめぐって

国労修善寺大会〈正式には国労第五〇回臨時全国大会・一九八六年一〇月〉の開催直前まで、国労は当局側提案を飲むのか否かをめぐって各地方で大論争になっていました。当時の中央本部委員長は山崎俊一です〈この時期の国労は太田派、向坂派、札幌地本を中心とする構造改革派、革同派、(7)人民の力派、高崎地本などの反戦派といった〔学校〕別に分布。その中で分割民営化反対は向坂派、革同派、人民の力派、高崎地本の反戦派〉。こうした中で主流派である太田協会系から分かれた水原派は当初、分割民営化反対の立場だったがそれも崩れます。革同派を除けば残ったのは岩井派と市川派、しかし市川派などは存在するはずがなく、高崎地本と新幹線大阪保線所分会などの『労働情報』系国労ということになります。

修善寺大会の時点で水原派の南近畿地本は一応反対の立場を表明しました。大会後から本格化した清算事業団闘争の最中に分割民営化賛成へと立場を変えたものの、大会時点で水原派は反対。水原派を除く太田派では岡山地本と相原宏志同地本委員長（後の本部副委員長）の態度が焦点になっていましたが、大会の前日に腹を括ったということで、太田薫が相原を岩井と市川のいる左派フラクションの場に連れてきたわけです。

その場には吉岡徳次さんや私も同席していましたが、全国大会の内部情報が詳細に入ってきます。最後の局面になって太田が相原と岡山地本を連れてきたことで、これでいけるという数読みになりました。一方、向こう側は数では危ないという判断から、山崎委員長を口説いて大会を流会させる戦術をとりました。それを山崎委員長は拒否するのです。山崎はその後、私に当時の心境を話したことがあります。

□山崎元国労委員長と私の関係

ここで山崎国労委員長と私の関係について述べると、一九六六年春闘の公労協ストライキでは国鉄玉造駅構内の国労スト支援行動で七名が逮捕され、私もその指導責任を問われて事後逮捕されました。弁護士をつけたのは国労大阪地本、救援対策責任者が当時、企画部長か組織部長だった山崎でした。彼は私が釈放された後も「あとの手続きはやるから」と言って会いに来て、それからは個人的に親しくなり交流もあったわけです。

修善寺大会が終わった後に山崎と会ったとき、「大阪地本グループの出口たちに『流せ』と言われたらしいが、大会を流会させなかった理由はなんだったのか」と聞いたことがあります。すると山崎は開き直ったような顔をして、

「おれは痩せても枯れても全国単産の委員長だったんだぞ。それが周囲からやいのやいの言われて全国大会を流す？そんな歴史に恥を塗るようなことができるか」と言いました。

「流したほうがいいという政治判断はあったが、おれは従わなかった。負けてもいい。それは委員長として、おれがやるべき最後の仕事だと思って大会を終わらせた。だから自分のその後の姿を見ていてくれ」と話したのです。

確かに彼だけは委員長退任後、天下りなどの他の役職についていません。どこにも行っていないし、そのままです。元国労の委員長がその後、一組合員のままで若くして突然亡くなったのです。国労新幹線大阪保線所分会の森村敏孚から連絡があって、私は山崎の葬式に行きましたが、出されている供花は全部がＪＲ連合で旗もＪＲ連合近畿のものだけ。国労の供花や旗はまったくない。私はその有様を見て本当に腹が立ちました。

次の全労協常任幹事会の席で、私は「国労中央本部は辞めた元委員長の葬式に花一つ出さない（礼儀を欠く）組織なのか」と書記長の宮坂要さんを詰問しました。「おれは葬式に行って頭にきた」

と言ったら、「申し訳ない、知らなかった」と言うのです。「山崎が死んだことも、いつ葬式だったか知らなかった。何しろ国労大阪地本は（革同の）人見たちが握っているから、供花やメッセージも出さなかったと思う」というのが回答でした。私は「それはないぞ。言い訳にもならない」と言った記憶があります。

□全労協結成まで―全港湾のためらい

――国労の修善寺大会を一つのステップとして全労協の動きが始まりますが、結成に至るまでまだひと山もふた山もありました。国労の内部でも全労協は、そう簡単に決まったわけではないですから。

国労内の事情を見ると大阪地本の動向、要するに大阪の中心勢力である革同系がどういう態度をとるのかというのが決め手でした。それに対して、国労の動向で決まることに不満を持っていたのが中里忠仁（元全国金属副委員長）さん。中里さんは、「それぞれが事情を抱えてここまで来たのだから、新しい組織を結成するために国労も事情を公にした方がいい」という立場で、それに「ちょっと待ってくれ」と歯止めをかけたのは吉岡徳次（全港湾委員長）さんです。「全港湾はどちらの立場もとれない」と言いだしたのです。

全港湾の場合、愛知地本の三役が東海の大会で統一労組懇入りを決めて内部が大揺れに揺れ、組織決定違反としてその三役を統制処分にするという事件がありました。「そうした事情がある以上、全港湾が全体として動くためには慎重にやってもらわないと困る」というのが吉岡さんの意見でした。

だから吉岡さんの「慎重に」と中里さんの「もっと早く旗をあげろ」という意見の二つでガタガタ揺れる。さらに三事務所会議では、市川さんにとって「吉岡君は高野派以来の自分の同志」、岩井さんは「国際労研に来ているうちの吉岡」、どちらも自分のメンバーと思っているわけです。吉岡さんはそんなことにはこだわってはいませんでした。

そうした中で全港湾の行く末が曖昧になったのですが、吉岡さんは「今さら連合にはいかない」と頑張った結果、「友好組合という枠を外さないが一定の距離を置く」という結論に落ち着きました。しかし吉岡さんはこの結論に、全く満足していなかったと思います。「ここまでみんなに時間をくれと頼んだのに、肝心の全港湾がどうして腹を括れないのか」というのが吉岡さんの身内に対する不満だったようです。

□全労協結成と都労連の宮部、国労革同の人見が果たした役割

全港湾の全労協参加は見送られましたが、全国一般関係や中小の組合、各地県評の中でもせめぎ合いがありました。京都からは「この際、京都総評として行動できる体制をとってくれ」という要望等があったのですが、その時はまだ名称も決まっていなかったわけで、最後に出てきた名称が全国労働組合連絡協議会、略称・全労協(8)です。

ここでは全労協の正式名称にある〝連絡協議会〟がポイントになるわけで、都労連委員長の宮部民夫が登場するのはここからです。全労協は総評運動の継承体でありナショナルセンターですが、別の見方をすれば労働組合の連絡協議会であるからナショナルセンターではないという使い方ができます。このファジーさは自治労と教組に適用できるということになったわけで、この段階から全労協初代議長に就任する宮部都労連委員長が表舞台に姿を出してきました。

ここでもう一つ、春闘懇談会（春闘懇）の動きが出てきます。春闘懇とは国労など全労協参加組合と民放労連、出版労連、新聞労連、映演総連など共産党系だが中立を表明している労働組合の結集体を指します。その春闘懇での論争の中では「統一してやろう」という意見が多数を占めたため、「皆で一致していける」と感じていた私は当初、全労連ができると思っていませんでした。またわれわれ新左翼系の組合も、「これは労働組合という大衆組織の問題だから、組織的な問題にこだわってはいけない」というのが大多数の意向でした。

岩井章も全労協結成について革同の動向を気にしていて、「大阪の人見の意向を確かめてほしい」と私に依頼がきました。そこで、人見と会って「統一組織問題を、どうするつもりだ」と打診すると、人見は「統一してやろう」とはっきり言い切りました。当時、国労の伊豆大川教育センター（国労の研修施設、その後売却）にいた革同の実力者、徳沢一（一九七〇年～一九八七年まで国労中執）と人見はツーカーの関係だったので、人見の見解は革同見解といってよく、岩井にその報告をしたことで、彼は最終的に「全労協でいこう」とゴーサインを出したのです。

□全労協人事を納得しない中里さん

一方、全労協結成の直前まで、私と今野は中里説得で大変でした。全労協議長を宮部にする方向が明確になった段階で、「宮部は一地方組織の委員長だ、おれらはこれだけ苦労をしてきたのに、突然出てきて議長とは何事だ」と言って中里さんが怒ったからです。私と今野は怒りがおさまらない中里を神田駅地下の喫茶店エリーゼに呼び出し、「国労の解雇撤回闘争での支援を考えれば、都労連を逃がすわけにはいかない」と必死になって説得し、ようやくなだめるのに成功しましたが、今度はその話の二日後、疲労からくる大腸憩室炎で私が倒れたわけです。大阪逓信病院に入院すると腸閉塞になる可能性があるということで即刻手術、約一ヵ月の入院生活を送ることになりました。

もう一つ、私の入院中に厄介な問題が持ち上がりました。「なんで関西代表の常任幹事が前田なのか」と国労の協会系が言いだしたのです。私の常任幹事就任は建前が関西代表だが、実質は市川事務所の代表ということを国労協会が知らなかったというのが真相でした（井の中の蛙＝世間を知らない国労協会を象徴するエピソード）。このクレームに対しては岩井事務所だけではなくて革同の人見たちも一生懸命防衛戦をはったという話でした。

□地県評連絡会議構想と全労連の結成

――革同とは全労協で合意していたとのことですが、なぜ共産党は全労連を結成したのか。全労協と全労連の関係についてもう一回、整理してください。

いつの時点で全労連結成のボタンが押されたのか、私には分かりません。全労協の結成については中央で会議をやると同時に、大阪でも全港湾、全国一般、われわれや国労の人見などが集まって会議を開いています。

その当時、社青同大阪の責任者として向坂協会派の前田純一（神戸大出身）が会議に顔を出していました。前田は頭の切れる優秀な活動家で、スタッフとして大阪全労協結成の動きに加わっていたのですが、それに人見が惚れ込んだのです。「天満の国労会館の一室に大阪全労協準備会の事務所を設けて、前田君を常駐させないか。そのオルグ費用は国労が出す」というところまで話は進みました。したがって私たちは、全労協ができたらみんな一本になるとばかり思っていたわけです。

――全労協、全労連が結成される直前の八九年秋、東京地評と京都総評がイニシアティブをとって地県評全国連絡会議が結成されました。これはオール左派大同団結構想で、国鉄の分割民営化に反対する国民会議運動と見合う形の結集体でした。その実績があるから皆まとまるのではないかと思っていたのですが、共産党の全国労対が、「ここまで来て全労連をつくらないとは何事か」と強硬に主張したというのです。

その時点から党の方針は決まっていたのかな。

――「そのように決まっていた」というのがその後に聞いた話です。

第三章　連合・全労連・全労協の成立と国鉄・電電の民営化

時代を語る⑫　一九八九年

一九八九年は一〇年間にわたる労戦再編攻防に最終決着がついた年である。同年、連合・全労連・全労協が相次いで結成され、三八年間続いた総評は解散に追い込まれる一方、電電は八六年、国鉄は八七年に民営化され、旧総評官公労は大きく後退した。また八九年から九一年にかけては東欧社会主義国の民主化とソ連邦の解体、中国における天安門事件という二〇世紀を揺るがす事態が生まれ、左翼は全面的な自己の再検討が問われることになった。年末、東証株価は最高値をつけたが、翌年以降は一路下落への道をたどった。バブルの崩壊である。

□少数組合をめぐる論争――徳島の場合

――全労協結成をめぐる話は終わりにして、次は大阪電通合同[10]の結成に移ります。

全電通との決別と独自組織の結成については、もっと前の段階から意見が出ていました。一つは、四国電通合同の前田重幸君の闘いに絡んでいます。当時、徳島の電報局勤務だった前田君は、台風の夜に帰宅後、自宅で軽くビールを飲んでいたところ、夜勤中の奥さんから「台風だから迎えに来て」と電話があって迎えに行った行動が飲酒運転で道交法違反となります。しかし、警察は事件扱いをしなかったのに、当局は前田君を解雇したのです。

前田君たちは六〇年安保の前後から徳島の城南高校の社研のメンバーでもあり、彼は指導者でした。メンバーには前衆院議員の仙石由人や尼崎で生協理事長をやっている中村大蔵、国立病院の小林医師、木原（木原印刷・前出）の弟などがいて、当時の仙石は現役弁護士でした。「台風の出迎えで解雇とはなにごとか」という声が高まり、徳島電報局と徳島市外電話局の五六〇人で「前田君を守る会」が結成され、大闘争になったのです。

この闘いは裁判闘争としても展開されましたが、最初の弁護士が仙石でした。当然、皆は仙石が弁護をやると思っていたのですが、断ってきました。一旦弁護を引き受けた仙石は、彼が所属する東京の事務所が全電通の顧問弁護士事務所だったことを理由に断ったのです。その結果は徳島での悪評の渦。「おまえは裏切り者だ、仲間の弁護もできないのか」と大もめにもめて、「おれらの仲間と違う、東京へ行け」と追放してしまうのです。前田君たちは大阪で弁護士を見つけ、その松本弁護士を中心にした弁護団で徳島の裁判をやりました。そのときに、こんなことをやられるのなら自分たちで組合をつくったらどうかという意見が出されてきました。

――この話はいつごろですか？

四国労研ができてからだから、七二～七三年だと思います。その後から独自組合の話が出てきます。

――仙石の弁護士登録は一九七一年ですから、その頃でしょうね。

この事件の当事者である前田君は、裁判で勝訴します。電電公社から首を切られて完全勝訴で復職したのは彼一人です。最後の段階で全電通中央が間に入って和解の形をとったものの、解雇撤回を勝ち取ったのは彼以外にいません。そのときに四国から、単独で独自組合の旗を挙げたらどうかという意見がでました。宮城・福島の電通労組結成は一九八〇年ですからだいぶ以前の話ですが、その相談があった時点では「その選択は路線上の間違いではないか」という意見がだされて、それ以上発展しませんでした。

長船（三菱長崎造船所）に第三組合（組合員の処分問題で第三組合の三菱長船労組結成・一九七〇年）が結成されたのは皆が知っていましたが、原全五さんをはじめとする関西の左派主流の人たちの間では、「赤色少数派組合はどこに基盤を置くのか」というクラシックな論争があって、そう簡単に少数派組合を肯定できない事情がありました。ただし、中電の電通労研メンバーである木村（保博）などは「考えるべき問題提起だ」という意見を当時から持っていたようです

□少数組合をめぐる論争――大阪中電の場合

もう一つは私の問題意識と絡まってきます。私の立場からすれば、一九五〇年に中電に入って仲

間をつくり、組合指導部である民同の中から今までのやり方を変え、自分たちが執行部に進出するという形態をとって、そのやり方で中電内の労使協約や労働条件を作り上げてきたという思い入れを持っているわけです。大阪中電は自分たちが作った分会というイメージを持っていたので、対立やケンカがあろうともこの分会を潰すのかという論議になると戸惑いが出てきます。

そのような私たちを見て、「今さら何に戸惑っているのだ」と追及する意見が電通労研の中から出てくるわけです。例えば南大阪グループから「中電はなに考えているんや」という批判の声が上がってきました。彼らと伊藤（修身）の間では「置かれている状態の違い」をめぐって論争があって、伊藤は「まだ腹を決めるべき時期ではない」と言っていましたが、中電の中でも最初に態度を決めたのは木村だったと思います。中電内でも木村、三木章司の二人と私たちが対立しました。

――それが八四、五年のころですか。

電電民営化の最後の段階での論争です。

□金丸・山岸秘密会談と電電民営化

そのような時期に私は金丸信と山岸章の折衝議事録を入手します。その中では「民営化で人数を八万人減らす」。電電公社の総裁の人事については、「エンジニア出身で公社生えぬきの北原（安定）副総裁に変えて真藤にする」。この人事は、「金丸が土光に相談した結果、土光が真藤を紹介した」という経緯をたどったようです。その議事録は関東の全電通内部から私宛に送られてきたものです。

全電通は前年度の大会まで、「全部の民営化に反対」を掲げていたにもかかわらず、徳島大会（八五年）では一週間の大会日程の一日目を緊急に延期して、専従者会議が開かれます。その場に「金丸・山岸の議事録」が配布され、山岸が「このような経過になる以上、民営化の波は避けられないから民営化を承認する」と提案したわけです。民営化反対で一週間を予定していた全国大会は、論議する中身がなくなりました。

その間にどのようなことが行われたかというと、一日目に専従者だけの会議を開きました。全電通の場合、専従者は離籍専従ですから組織に逆らうことができない。お手あげ状態で「しょうがない」と態度を決めます。次に離籍専従者は各地本と支部の執行委員を集めて納得させる。このような手順を踏んで三日目から大会が始まったわけです。

一方、そのような事情を知らない電通労研は徳島大会の会場近くに印刷機を用意し、大会論議の中身を暴露するビラをまこうと待ち構えていましたが、大会は一向に始まる様子がない。二日目になって、おかしいという話が出てきたとき、東京から私のところに突然、資料が送られてきました。中身は前述の「金丸・山岸の議事録」です。おそらく全電通内のブント系書記が送り主だろうと思いましたが、その資料を見て今度は私が頭にきました。「これはあかん、ここまできた以上、腹をくくろう」。その時点でそのように考えたわけです。

□大阪電通合同労組結成の真相

それから結成まで、内部での闘いは八六年一二月まで続きました。私にとって大阪中電分会は自分たちが作ってきたという思いがあります。私が合理化部長や交渉部長をやっていても、教育だけは全部自分が担当したという自負があるから、われわれが旗をあげるならば、皆ついてきてくれるという甘い思いがあったわけです。私のもくろみとしては一〇〇以上の組合員が集まると思っていましたが、蓋を開けたら四〇名弱。時期が早かったらもっと多かったという意見もありましたが、どうでしょうか。

五〇年代入局という古い組合員や中心活動家で本来来るべきメンバーが新組合入りを拒否して、オルグした活動家と深刻な論争が行われ、中には殴り合いのけんかになったケースもあります。「あんたらと一緒にやる気はない」と言って局をやめたり、転勤していった連中など反応も色々で、しばらくの間、「あの対応でよかったのか」とそのときのオルグの状況を思いだすこともありました。

□赤色労働組合主義批判への反論

――先ほど赤色組合主義[11]という言葉が出てきましたが、そのような批判をどのように整理したのでしょうか。

赤色組合主義批判に対しては、反論のための理論構築を長船とも協力していろいろとやりました。

党と労働組合の違いを前提にして、労働者には本来、階級として妥協が許されることと許されないことがあるという形で論議を展開しましたが、そのとき念頭にあったのは一九六四年の四・一七ストの問題でした。

たぶん知られていないと思いますが四・一七ストの時点で、大阪では当時の木津支部と大阪南支部、天満支部の三つを共産党が握っていました。この三支部の委員長は皆、共産党員です。天満支部の草川という委員長は、共産党員でありながら片甚と組んで臨時作業員の社員化闘争をやり遂げた人物です。ところが党の指令で、ストライキ反対の決定をする動きがあって、民同指導部の側、地本から阻止行動が入ります。

そのときに大阪中電と大阪市外は隣り合わせだったので、市外の職場には電通労研が乗り込んでいきます。その中には党を除名されたばかりのわれわれがいて、論争を仕掛けます。「向こうが待ち構えているのだったら、何で大衆とともに反撃しないのか」という論争です。「反撃をしかけないのは組合員を信用していないからではないか」いう形で、その市外支部の共産党員と大ゲンカになったわけです。ところがその共産党員が全部、組合から除名される事態となりました。

しかし、私たちは除名反対です。「組織除名は組合としてあってはならない。組織除名をするのなら、組合員自身がどのような判断をするのかの信任投票をまず行え。それをやらずに除名の行動をとるべきではない」。私たちはそのように主張して、今度は民同と大ゲンカになりました。

私たちが党を除名される前の中電支部の支部委員数では共産党系が三分の二を占めていましたが、

除名後のわれわれの支部委員数は約半数で、多数決には二名足りません。一方、私たちが除名された後で共産党に残った支部委員は三人いたので、私たちはてっきり、自分たちの仲間が除名される問題だから私たちの主張に賛成するだろうと思っていたが保留。しかし、中電支部としての態度は決まらなかったのです。その後、全電通の他の支部の共産党員は全部潰され、支部は再編されていきました。

そのときの論争では労働組合が大衆組織であって、超えてはならない線と、守らなければならない基準があるという内容でした。その論争を今度はわれわれが出るときに相手にぶつけるわけです。新組合の結成だけは秘密でやりましたが、私たちの決別宣言は、中電の隣の電電会館大講堂で開いた大会の席上で、私が宣言するわけです。

二階の傍聴席には地本の支部役員、本部から偵察に来た者、それ以上に多かったのが電電公社の労務、それらで傍聴席はいっぱいでした。大会の論議では山岸と金丸の文書が専従者会議に出た経緯を暴露しつつ、「その内容をなぜ、一般組合員に知らせないのか。しかも民営化にするとはなにごとだ」という内容をしゃべりました。

第四章　新たな価値観と戦略を求めて

時代を語る⓭　一九九〇年以降

一九八一年からゼネラルユニオン論、春闘五段階戦略を提唱し、後退局面での抵抗陣地構築を提唱してきた清水慎三は、九〇年代に入ってからもトータル・レボリューションと社会的労働運動などの方向を示し続けた。清水慎三のこれらの提言は、二一世紀における新たな戦略を生み出す提言として、これから輝きを増してくるはずだ。

□少数組合と社会的労働運動

――続いて社会的労働運動についてお聞きします。全労協が結成されて以降、『労働情報』系の一定部分は少数組合の結成に追い込まれていきます。ＮＴＴの場合は電通労組が先にできて、大阪電通合同労組、四国電通合同労組という具合です。郵政の場合は郵政ユニオン（現在は共産党系の郵産労と組織統合）、仙台・福島の動労は鉄産労という格好で少数組合が結成されます。少数組合になっていった功罪については別の論議が必要だからここで触れることはないと思います。しかし、労働組合の枠組みからいえば、労働者の権利と生活をどう防衛するかという点で、少数組合には無理がありませんか。

私たちからすると、少数組合であるという問題は、労働組合の基本的なあり方としてどうなのかということになります。私がいつも主張していたのは、前衛党と労働組合の関係とはどういうものなのか。党は自分たちが目指すべき社会のあり方を想定して、それを綱領として表現し、それを一般大衆の中に広げ、オルグしていく。

労働組合は基本的に職場の中における労働者の相互扶助から集まる共同体であって、その共同体が自分たちの要求をまとめるときにつくる組織が労働組合。その労働組合が掲げている要求と、綱領の下に目指すべき世の中をつくろうとする動きが、どのように接点としてつながるかによって党と労働組合の関係が決まる。そのような言い方をしてきました。

同時にもう一つは、労働組合はその点でいうと、人間同士の横のつながりと、扶助から始まって階級的にどう上がっていくのかと考える組織という言い方をしていて、その際に守らなければいけないのは当時、（ヤクザ用語だがあえて）「仁義」という言い方をしました。労働者同士がお互いに守らなければならない一線、相手との関係に関してもそれがある。それを崩してしまったら何のための集まりかということになる。そのような論議が最初の段階からずっとあるわけです。

□労働運動の〝仁義〟と公共性

――そのときのキーワードとして〝仁義〟という言葉を当時から使われていたのですか。

〝仁義〟という言葉は使われていました。「用語としてちょっとまずい」という意見も出ましたが、「やはり仁義だ、それは守らなければならない」という見解。それと同時に、われわれがそうしない限り、われわれの運動が世間から信用されないという意味が含まれていました。

それは前提として公共性の問題と絡んでいます。当時の大阪総評では、林大鳳が役員になった時期からとくにそうですが、各周辺の地区町村議会選挙に組合役員は立候補すべきだとい方針が出されてきました。国労はその第一号として副委員長の半田さんが西宮市会議員に立候補して当選する。それから中電支部の江上副委員長も次の選挙に出て当選する。二人とも社会党の枠で、そのように地域に順番で出て行ったわけです。われわれの場合は電電公社の社宅や独身寮が中心だったが、そのようなことをやるべき理由として、われわれの運動は世の中と切り離してはあり得ないという認識がありました。

われわれの賃金は一般の労働者の三分の二。それが当時の国家公務員の賃金で、その三分の二を割るか否かになったときに、人事院制度の勧告が出て救済する（後に救済の基準が五%、一〇%という言い方に変わりました）。それが当時の総評方針に基づくわれわれの賃金闘争の要求でした。

しかし、当時の若手（われわれ）からすると、もっと要求を出してもいいのではないかということになって、そこから「公共性か賃上げか」という論争が出てくるわけです。清水慎三さんが総評の組織綱領草案を執筆したときにチームを組んだ共産党系の賃金学者、氏原正治郎が公務員公僕論、教師聖職論を提起して大論争になりました。われわれは「そうではない。やはり労働者としての生活基準を守るべきだ」と主張しました。ただし当時は今と違って、高卒の若手は電機をはじめとする高賃金の民間に就職する時期で、公務員など三公社五現業に入る若手がいない時期という点を論争の背景として押さえておく必要があります。

□社会的労働運動と生産性基準原理

社会的労働運動の出発は、労働組合の存在とは何か、賃金をわれわれは一体どうしたらいいのかという問題です。われわれが獲得した労働条件は、当時でいうと中小企業や自営商店主、社会科学用語のプチブル階層にも影響を与えるだろう。それではどうするのかというときに、市川さんが総評議長の時期から〝国民春闘〟という用語が使われるようになりました。要するに社会的労働運動とは、組織労働者が獲得したものが次の段階には一般社会に広がっていくという解釈になっていくわけです。

ところが企業内組合の一定部分から左右を問わず強い反論がありました。「賃上げは企業内における収益に対して働く労働者の権利として要求すべきであり、その金額が他よりいいとか悪いという問題は、その企業の中におけるわれわれが決めるべき問題だ。一般の労働者は社会的にこれだけでなければならないという論理は成り立たない」。これは電機労連や松下の中で、左翼が執行部を握っているころの彼らの意見だったと思います。

――生産性基準原理と同じ論理ですね。

七二年か七三年だったと思いますが、それらの雰囲気を前提にして社会的労働運動については左翼労働運動内でも論争があった経緯があります。

――国民春闘路線は七一年。市川さんが議長になった年だから。

そのへんからそれが定着していって、全労協はその方向性を掲げる。われわれは少数組合であろうと、そういうものとして運動を位置づける。社会的労働運動だということになっていきます。

□清水慎三のゼネラルユニオン

――その流れは前田さんが語った通りだと思いますが、もう一方では、清水慎三[12]さんが一九八一年の『労働情報』に「現状打開への五段階戦略（春闘五段階戦略）」と「いまなぜゼネラルユニオンか（ゼネラルユニオン論）」を執筆します。あのときの清水さんの問題意識は次のようなものだったと思います。

「六〇年代まであった総評の戦闘性は七〇年代以降、企業社会が強固になっていく中で労働組合の社会的基盤が掘り崩されていき、企業内に籠もる状況になって、大きな曲がり角に立たされている。それに対して労働組合はどうあるべきか。それを突破しようと思った場合、労働組合内の多数派ではあり得ない」

そうすると、自立的個人加盟のゼネラルユニオンが、いわば賃金決定機能―プライスリーダーには介入出来ないかもしれないけれど、労働者の社会的な生活なり何なり、地域社会のところも含めた、清水さん的にいえば、その後の『戦後革新の半日陰』（日本経済評論社、一九九五年）でいうと、トータル・レボリューション、総体革命に向けたものとしての社会的労働運動を考えなければならない。その点でも労働運動は社会的でなければならない。もう一つ、そのような意味付与がされますね。

『労働情報』として使っていたのはむしろ清水さんの言う社会的労働運動だったよね。私自身の問題意識からすると、今回の問題（本の執筆にともなう総括作業）でなぜ、芹生君を呼ぶ必要があったのかという点とからまってきます。

電通労研の場合、具体的な運動展開では職場二重権力論まで論議していました。さらに次の問題として、職場二重権力は自分の職場だけでいいのか否かという問題意識が出てきます。

この問題意識が意味するのは、職場内闘争で一定の成果を上げたとしても社会の変革として何の役割を持つのかという点です。その回答の参考として、芹生君はイギリスのショップ・スチュワード運動の資料を取り寄せたわけですが、まだ十分整理されていません。その整理されたものが清水慎三さんの意見になるわけです。

そのとき私が芹生君に聞きたかったのは、自分の問題意識が清水さんによって体系化されたことをどう思うのかという点です。

この本（『ゼネラルユニオン論』、労働情報編集委員会刊・一九八七年）を見ればわかるように、私と今野と清水慎三さんのような形になっていますが、現実問題でいうと主役は今野でした。しかし実際の討論は、いまある労働組合の防衛意識が先行して、各組合がゼネラルユニオンを組織的にも受け入れるところまではいきませんでした。

だから、今年の全労協大会で私が発言したのは、組織問題をどうする気だという点です。全国一般全国協と関生と全港湾が組織統合するという話があって、あれは最初、かなり本気で考えていたわけです。ところが討論が進まず、全港湾と全国協はその共闘体制は残しているけれども合併の話は延び延びになっています。あの組織統合がうまくいけば、新たなゼネラルユニオンができるという想定を大阪でも持ったわけです。

もう一つは、電通全国協議会での討論です。いつまでも電通全国協の組織のままでいいのかという論争があって、今年の大会から組織問題として各組合で論議し、地域の組合と合流する。電通全国協議会は産別フラクションとして、全国の連絡会議をつくる程度にするべきだという意見です。

今まで、いくら言っても皆んな本気にしなかったのですが、組織を最初につくったメンバーが定年になってくるわけです。したがってようやく、「どうするんだ」と本気になった討論が始まったということでしょう。

□派遣村まで行きつかなかった社会的労働運動

——最後に一つだけ前田さんの意見をお聞きしたいと思います。『労働情報』系は社会的労働運動にいち早く着目して、問題を提起しました。確かに労働組合として決めるのは難しかったと思いますが問題提起はしていました。ところが二〇〇八～〇九年にかけて日比谷公園の派遣村での運動がありましたが、個人的に全国一般全国協の遠藤一郎さんなどが献身的に動いても、こちらの運動が全体として派遣村につながらなかったと思います。ここがやっぱり今日的問題からすると核心問題の一つに見えるのですが。

だから、木下武男さん（昭和女子大教授＝当時）はそこを追及したわけです。何でそこに目を向けないのかと言ったわけです。あのときには、途中からだけれども全労連と全労協、とくに全国一般全国協を中心で皆噛むわけです。

――遠藤さん中心にね。連合も含めて三ナショナルセンターはそれなりにかかわりました。噛んだけれども後の始末をどうするかになると、自分の組織のあり方、組織構造を変えなければならなくなるので及び腰になるわけです。

後日、プレカリアートと言った雨宮処凜、彼女は派遣村のスポークスマン的位置にいましたが、その雨宮処凜が改憲阻止の会が中心となった二回目の六・一五集会に呼ばれて発言したわけです。あのときの彼女の感想はとても優れていたと思います。

当日、雨宮は「改憲阻止の会の六・一五集会参加に抵抗していた。年寄りばっかり集まってやることに、私は皮肉のひとつも言っておきたいと思っていた。ところが集会を見ているうちに、なんでこの人たちがこれだけ活き活きとして反対運動をやっているのかと思うようになった」。そして

「この老人たちの生きがいを認めつつ、何とか今の運動課題とくっつけられないか」と発言したわけです。

雨宮は後に六・一五集会への参加を文章にまとめました。私はその文章をみて、雨宮処凜の問題意識はかなりのものだという感じがしました。次の社会的労働運動に向けたつながりが見えると感じられたからです。

第三部注

(1) 富塚三夫：一九二七～　労働運動家。国労書記長（七三～七六年）でスト権スト、総評事務局長（七六～八三年）として労働戦線の再編にかかわる。八三年から衆議院議員を二期。

(2) 補強五項目：労働戦線の統一で統一推進会の示す「基本構想」が選別排除だとする反対論を抑えるため富塚総評事務局長が示した総評側の参加条件（一九八一年）。事実上、補強五項目は歯どめにならず—というのが後の評価。

(3) 金丸信：一九一四～一九九六年　自民党政治家。衆議院議員（一二期）。党幹事長、同副総裁。

(4) 宝樹文彦：一九二〇～　労働運動家。全逓民主化同盟を経て一九六〇年に全逓中央執行委員長（七一年まで）。六〇年代に第一次労働戦線統一を提唱。

(5) 労研センター：八一年に総評解散を前提とした「補強五項目」が出されると、太田薫・岩井章・市川誠の総評三顧問は「解散反対」の声明を発表。これを支持する総評左派は一九八三年、三顧問を軸に労研センターを結成、同センターは一九八九年にスタートした全労協の母体となった。

（6）太田薫：一九一二〜一九九八年　労働運動家。大阪帝国大学卒、宇部窒素で組合委員長。一九五〇年、合化労連を結成して総評に参加。一九五八年に総評議長（六六年まで）に就任して春闘を定着。事務局長の岩井章とともに太田―岩井ラインと呼ばれる総評全盛期を作り出した。八〇年代になると市川（誠）・岩井とともに全労協結成に奮闘。

（7）革同派：国労内の共産党系〝学校〟の名称。当初の呼び名は革新同志会（革同・一九四八年）で非共産党系左派だったが一九五七年、六全協を契機に日本共産党に再結集。名称も革同会議に変更したが統一戦線重視指向は踏襲された。

（8）全労協：全国労働組合連絡協議会（全労協）結成は一九八九年。同年は連合（民主党系）、全労連（共産党系）も成立。「どちらにも行かない、行けない組織」であり「まともな労働運動を担う」存在として全労協を結成。組合員数は約三〇万人。

（9）全労連：全国労働組合総連合（全労連）結成は一九八九年。同年発足の連合に対抗して、「資本からの独立」「政党からの独立」「共通の要求での行動の統一」を掲げる。組織人員は公称八二万三千人。

（10）大阪電通合同：同労組は一九八五年、電電公社の民営化推進に路線転換した全電通（現NTT労組）と決別し、大阪中央電報局を軸に大阪規模で結成された。現在も大阪全労協の中核組合として奮闘中。

（11）赤色組合主義：ロシア革命後の一九二〇年代、プロフィンテルン（赤色労働組合インターナショナル）から生まれた言葉。政党と労働組合の区別を無視し、党の方針を優先するセクト主義的傾向・あり方を指す言葉として使われた。

(12) 清水慎三：一九一三〜一九九六年　東京帝国大学経済学部卒、日本製鐵本社勤務。戦後は経済安定本部官房企画課を経て、高野実のすすめで労働運動の道へ。一九五一年、鉄鋼労連の初代書記長。一九五八年、総評『組織綱領草案』を起草。六二年、総評から退き評論家の立場に。一九六七年、信州大学教授。七五年のスト権スト挫折を重視し、一九八〇年代から対抗社会論、ゼネラルユニオン論で自立個人加盟労組を提唱。一九七七年から一九九五年まで『労働情報』顧問。同運動に多大な影響を与える。代表的著書に『戦後労働運動史論』（日本評論社・一九八二年）、『社会的左翼の可能性』（花崎皋平との共著・新地平社・一九八五年）、『ゼネラルユニオン論』（労働情報編集委員会・一九八七年）、『前後革新の半日陰』（日本評論社・一九九五年）、『清水慎三著作集』（高木郁郎編・日本経済評論社・一九九九年）

第四部　座談会　全電通労働運動と大阪中電の時代

前田裕晤（前全労協副議長・元全電通大阪中電支部執行委員）
芹生琢也（元全電通近畿地本書記）
福富健（元全電通北大阪支部書記）
新開純也（関西ブント政治局＝当時）
司会・江藤正修（元『労働情報』事務局）

□「四・一七スト」が一つの転機となった

江藤　それぞれの方の前田さんとの関わり、全電通労働運動との関わりについてお話ください。

芹生　まず、私の全電通労働運動との関わりから振り返ってみます。私は、一九六四年一〇月、全電通近畿地本の書記になりました。前田さんから、地本が書記を採用する予定だ、試験を受けてみよ、との連絡があった。さっそく大阪市大から私、同志社大から福富、大塚、藤野君が受けて、全員が採用された。

この書記大量採用には次のような事情があった。この年の春闘で公労協が「四・一七スト」を構えたことに対し、共産党が「四・八声明」を出して反対の立場をとったことで、各組合では大混乱が起こった。全電通では、こうした共産党の行為は「スト破り」だということで、これに加担した役員や書記を一斉に除名処分とした。その結果、書記局体制にアキができた。その穴埋めに私たちが採用されたわけです。それまでの書記採用は縁故採用が通例で、公募は画期的なことだったんです。

採用が決まったあと、私と大塚君が地本、福富君が北大阪支部、藤野君が大阪地方支部（大阪市を除く府下のすべての電報・電話局がエリア）に配属されました。当時の近畿地本は委員長が片山甚市（片甚）、書記長が山岸章だった。

かねて前田さんからは、地本には公安が出入りしているから気をつけろと言われていました。案の定、一週間ほどすると公安がやって来たんです。私は聞いていたので驚かなかったけれど、相手は私の顔を見るなりびっくり仰天した様子だった。あとで聞いたところによると、公安は「片甚さん、芹生はウチで面倒を見た男や。あれは止めときなはれ」と忠告したらしい。けれど片甚は「それは見所がある、使いこなしてみせる」と言って帰した。いかにも片甚らしい。

しばらく地本で仕事をしていたが、片甚から、これから何をやりたいかと聞かれたので、大塚君は支部でやりたいと言って、すでに藤野君が配属されている大阪地方支部に行った。私は「大阪総評のオルグをやりたい」と答えた。大阪総評は片甚が副議長で、オルグ団は左派で固まっていたが、その連中は、片甚がお目付として私を派遣してくるととったらしく、猛反対した。結局、名前だけは残して、実際には全電通近畿地本で活動をつづけることになった。

福富　北大阪支部は「四・一七スト」当時、全電通における共産党の全国最大拠点であった天満支部が再編された支部です。そのキャップが同支部の草川委員長といわれていた。それを「四・一七スト破り」として片甚・民同は根こそぎ組合員除名処分とした。その意味で草川は片甚同様、伝説上の人物の一人と言える。私はその北大阪支部に配属されたわけだ。

□大阪中電の職場闘争の実相にふれて

芹生 かねて私は「労研」のことは聞いていましたから、そこで活動できることを楽しみにしていたんです。けれど、なかなか召集されない。どうしたものかと思っていたところ、ようやく召集されて行ってみると、会議そのものよりそこで交わされる雑談が非常におもしろかった。そこには、古布（充）さん、木村（保博）さん、伊藤（修身）さん、女性の原（ゆたか）さんとか、いろんな人たちがいた。たしか前田さんの家だったかな。雑談の中で語られるのは大阪中電の職場闘争の実相です。毎日職場でどんなことが起こっているか、リアルに分かった。これをどう位置づけたらいいのか、それを論理化することで私たちの労働運動論が築けるのではないかと思った。

ブントとしての組織化が急速に進んだのは、中電より大阪地方支部です。あそこは大阪市以外の府下全域の職場を網羅した支部で、地域的にも広範囲で運動的に空白のところが多かったから、そこを藤野君と大塚君がきちんと組織していった。青年部長に鈴木忠夫君がいて、彼をオルグして完全に青年部を掌握してから支部全体に広がっていったわけ。その後、北大阪の福富君たちとともに膨大な数の反戦青年委員会を作り上げていったんです。

前田 北大阪は伝統的に共産党の地盤だったところや。そこに草川という男がいて臨時工を本工にしていく闘争をやった。彼は党北地区委員であり、産別フラクの責任者も兼ねていたが、現実の闘いには党官僚としてではなく現場に密着していた。片甚とはそのへんではウマが合うというか、党の中で共闘する議論をしている様子にはみえなかったな。かなり独断的にやっていたと思う。草川は臨時工の本工化闘争を片甚と組んで展開し、本採用に決まるたびに勝利した局所で勝利集会、いわゆる「万歳」集会をやって気勢を上げた。そんなとき、草川と片甚が泣いて肩を組んでいたという。だから、四・一七で草川たちの除名が決まる時、前日に二人で語り明かしたという。そんなウワサがあったな。

福富　ありうる。

江藤　当時、他の分野でも臨時職員（臨職）闘争があったんですね。全逓では宝樹がＩＬＯなども使って、臨雇を本採用にする闘争を指導していた。そして成果をあげていたわけで、これがその後の宝樹派の基盤になった。

□片甚と山岸の面接試験

江藤　ところで、福富さんの全電通との関わりはどうだったのでしょう。

福富　ぼくは一九六〇年、同志社大学に入学して安保闘争に参加、法学部、学友会、京都府学連の三役などを経験した。また田所事件（六三年・第一部第三章参照）調査委員長をやり、芹生君と同時期に専従書記になった。その際、印象深かったのが片甚と山岸章による面接。二人とも楽しんでいるような感じで、根掘り葉掘り、思想調査のごとく延々とやられた。

芹生　へーえ、そりゃ大変だった。私も同じ片甚と山岸だったけれど、「君はガリ（謄写版のガリ切り）、何年やってた？」みたいな質問だけであっさりだった（笑）。

福富　ぼくは一時間ぐらいやられたかな。「逮捕されたことあるか」とか。実は六二年の政暴法闘争の時、府学連三役として逮捕歴があった。それ以外にも「愛読書をあげてみて」「尊敬する人は」「読んでいる新聞は」といった調子で、細かいことをいっぱい聞かれた。でも、結果的に試験は無事通過し、北大阪支部に配属された。

共産党なき後の支部執行部は、いかにも急ごしらえの感は免れなかった。当然ながら社会党・民同が多数で、共産党を離れたメンバー（構改派）もいた。書記は四人で、共産党時代を知っている書記に滝本（インター、教宣）がいた。女性では藤本（総務）、奈良出身の女性（会計）、私は組織部担当となった。関係する執行委員は組織部長、青年常任委員長、婦人部長。一年目は「座標」（パンフレット）というグループを作り、青年層をオルグして回った。

二年目は調交部担当で、天満地区、堂島地区との団体交渉参加と議事録・調査資料作成に追われた。その過程で北電話、梅ヶ枝電話、吹田電話、城東電話、此ノ花電話、御堂電話などの青年活動家を中心に、反戦青年委員会活動や春闘の学習会活動で少しずつ影響力を広げていった。組合員三千余名の北大阪支部が、私にとって徐々に身近な存在となってきた。

そんな中で忘れられないことは、私が六六年全電通全国大会（銚子）・地方大会、六七年全国大会（金沢）・地方大会と二年連続で大会代議員に選ばれたことだ。書記の身分での代議員選出は前例のないことであり、その結果、一人の専従執行委員が落選する事態が二年連続して起きたのである。銚子大会ではなんとか発言しようと私は挙手を続け、ようやく指名されて反戦青年委員会活動の重要性を訴えることができたのだった。

もう一つ記憶に残っているのは成田（三里塚）空港反対同盟委員長・戸村一作の来賓挨拶。田中正造を師と仰ぐクリスチャンの彼は、「天皇の御料地を潰して空港にするとは何ごとか」と糾弾。戸村さんも中々の役者。会場では驚きと共に喝采を浴びた。全電通での三里塚闘争の幕開けである。

翌年の金沢大会では代議員に当選しながらも、近畿地本の関係者に周囲をガードされて発言はかなわなかった。そのうち、中央本部副委員長に就任した片山甚市から私に電話があり、「近畿地本へ来い。理由は北大阪支部執行委員会からの要望だ」の一言。一九六八年、六九年は近畿地本の組織部担当となった。全電通の青年運動は大阪において反戦派が主導権を握り、近畿地本青年部長（鈴木忠、ブント系）も反戦派となった。

地本組織部での任務を直接に指示したのはまたも片山甚市。「大阪地評青年部に行け」である。毎年八月が地評青年部の大会で、一九六七年度の大阪地評青年部長は全電通近畿地本青年部長の浅野（京都支部出身）。一九六八年度の人事案を執行部提案したのは、部長・町田（大阪市職、反戦派、後の自治労副委員長）、副部長・藤垣（全金、日共系）、高岡（合化、協会派）、書記長・福冨（全電通・反戦派）だった。この中で書記長案は、福冨か藤垣かで対立、決着がつかないまま大会は延期となった。結局、六九春闘に間にあわすため副部長・福冨、書記長・藤垣で決着。だが青年部における反戦派の主導権は変わらなかった。

その後、この時期の全大阪反戦青年委員会の体制は社青同、大阪地評青年部を軸に西村（祐紘・社青同）、町田（有三・大阪市職）、福富（健・全電通近畿）、鍵山（勲男・社青同）となった。

一九六九年春闘は国労青年部早朝決起集会を皮切りに各単産、単組の集会への地評青年部からのアピールの機会を持った。

全大阪反戦青年委員会として関西学院大学新聞会主催のパネルディスカッション「反戦闘争をいかに進めるか」への参加（原水禁・池山重郎、評論家・鶴見良行、全大阪反戦・福富健）。さらに八・六原水禁大会における「全国青年労働者学生総決起集会」は、司会に青年労働者（福富・ブント）、学生（法政・中核派）を選び活発な討論。これらの組織化が「大阪中電マッセンストライキ」へ向けた宣伝活動と「中電スト実」、「関西地区反戦連絡会議」、統一戦線としての「全関西ストライキ実行委員会」の形成過程である。

□三世代にわたる関西ブント

江藤　こうした関西における労働運動の展開とブントの関係はどうなっていたんですか。とくに関西ブントって何なのか。関東の人間にはちょっとわかりにくいところがある。その辺も含めて、新開さん、どうですか。

新開　共産主義者同盟いわゆる第一次ブントが結成されたのは一九五八年ですね。ぼくが京大に入学したのが五九年です。ぼくらより三〜四年上の世代がブント結成に関わった。ブントは世代的には三つに分かれるんだけれども、第一世代はこの結成に直接関与した人々、京大では今泉さん、北小路敏さん、佐野さんだったり、同志社であれば佐藤浩一さん、大阪市大であれば柳田さん、武田さんたちの世代ですよ。東京であれば清水丈夫、唐牛健太郎(北大)、姫岡玲二などがいて、その上には島成郎さん、森田実さんがいる。

第二世代がぼくらなんです。ここにいる福富、芹生たちです。五八年から六〇年入学あたり。六〇年安保を一兵卒で闘った世代、この世代から共産党体験がない、ブント純粋培養世代、ブント直行世代です。

第三世代は、ぼくらより数年下の世代で塩見孝也や田宮高麿たちの赤軍世代です。塩見はぼくの弟子筋にあたるし、田宮は芹生の弟子筋と言える。かれらは一九六九年、ごそっと赤軍結成へと流れる。赤軍世代はこの関西中心メンバーだった。

こうしてブントは三〜四年おきに世代的、思想的変遷があったということです。かねて六〇年安保が終わってブントの内部抗争が始まる。結果、組織はガタガタになっていくわけですが、そのとき第一世代の大部分が東京を中心に革共同へ流れた。すると、ブント中央が無くなってしまうという事態になる。それまではぼくら第二世代を中心に「ブント関西地方委員会」を名乗ってきたけれど、ブント中央が無くなったのに「地方委員会」は矛盾だ。そこでやむなく旗揚げしようかということになった。つまり成り行きで自称・他称「関西ブント」ということになったんですよ。これは第二世代が中心で、京大だけで五〇人ぐらいいたし、同志社では田原や福富の世代、市大は芹生や旭が中心にいてそれなりの勢力となって関西の学生運動を主導していたんです。

□労働戦線への展開

新開　労働戦線ではどうだったか。六〇年安保の過程で前田さんたちとつながりができて、さらに第一世代で就職した人たちがいたから、労働運動に手がかりがあった、ということです。べつに運動があったわけではない、グループがあったということですね。

第二世代は六〇年代半ばにかけて卒業していくわけだけど、就職するという者と職業革命家（職革）となった者と、芹生や福富のように労働運動に飛び込んで行った者といろいろに別れたわけです。ぼくですか？　ぼくは次世代養成のため学生運動指導に残った。

一方、東京の第一世代の中にも大阪に流れてきた人の中には広告業界、たとえば大手広告代理店の電通で労組に入ったりする者も出てきて、それなりに労働戦線といえるものができてきた。でも、ぼくの記憶では、大阪中電はともかく、六四年から三～四年はそんなに目立った動きはなかったな。やはり、ベトナム反戦運動がひろがり、全共闘運動が起きてくるあたりから、反戦青年委員会ができて、就職組も活性化していった。その過程で労働者部隊といえるものになっていったと思う。

江藤　藤野さんや福富さんの北大阪や大阪地方支部での反戦青年委員会の活動、その広がりは劇的でしたね。

福富　この時期の一九六八年の日大全共闘、東大全共闘を頂点とした学生の反乱は以前とは異なるものだった。単なる要求・物取り闘争ではなくて、制度の根底を問うラディカリズム、制度と価値観の解体を伴うものであり、くしくもヨーロッパ、アメリカ合衆国を中心とした学生の反乱と同質のものであった。世界では同時に、ベトナム反戦闘争が一層の広がりを見せていた。

国内でも青年労働者や市民が動き始めた。労働組合運動ではなく、一人ひとりの個人が決断して立ち上がったのです。

関西でも京都青年行動委員会という小さなグループが四条河原町に登場した。自立した個人の集まりである。べ平連もまたこの時代を象徴する優れた市民運動の一つである。誰もが「自分にできることは何か」を考え始めていた。

大阪ではベトナム人民支援戦線と名乗った運動が、梅田新道（梅新・大阪北の繁華街）の交差点に登場した。全電通、マスコミ、国鉄、全逓、大阪マツダ、建築事務所、広告労協、大阪大学、阪大病院などの労働者が、反戦を旗印に個人の意志で思い思いに梅新に集まった。連日絶えることのない自主グループの運動でした。

一方、映画制作会社の毎日放送映画労組（毎放映）があった。共産党系の組合である。当時マスコミに対する思想統制、組合弾圧が強化されていて、毎放映も長い間、解雇撤回闘争を闘っていた。組合員はビルのスタジオを泊まり込みで占拠、組合ビラ『こんな話』が毎日配布されていた。われわれも「毎放映を守る会」というビラをまき、組合はわれわれの支援を受け入れてくれた。他にも大阪マツダの闘争などがあり、反戦の絆が地域争議団の様相を呈してきた。これらの活動の一つひとつが北大阪反戦青年委員会の母体となり、関西の地区反戦の第一号が誕生したのです。
その後、関西各地に地区反戦の組織化が進み、関西地区反戦連絡会議の結成へとつながった。ブントの地区党第一号として北地区委員会も組織され、これが中電マッセンストライキの推進軸となります。

□反戦青年委員会広がりの構造

芹生 成功の秘訣はなんと言っても、福富君や藤野君や大塚君たちが自由闊達に動き回ることができた、ということですよ。配置された支部の民同が脆弱だった。それで自由に動き回ることができた。その結果として高揚期には数百規模のヘルメット部隊ができたんですね。

前田 それと先ほどちょっとふれたパルチザン闘争があった。それが素地としてあった。その素地の上に反戦青年委員会が盛り上がっていった。片甚の発想は独特で、市外電話の女性組合員を動員して、伊丹の自衛隊駐屯地に「私たちは自衛隊員のお嫁にはなりません」と大書したプラカードを持って押しかけデモをしたからね。

芹生 そうそう。ちょっと説明すれば、パルチザン闘争というのは、一九六五年に出た大量処分に対する処分撤回闘争のことをいいます。片甚らが打ち出した方針で、本部からの指令の有無に関係なく、職場レベルで自主的に「反職制」闘争をやるという戦術だった。職制とは口をきかない、一種の不服従闘争をはじめ、職場の壁や天井などあらゆるところにビラを張り尽くす、その他、管理者に対する嫌がらせ、つるし上げ、いわば何でもありの非常時の闘争形態。これで分会の雰囲気はがらっと変わった。つまり反戦青年委員会の組織拡大はこうした職場闘争の広がりが支えていたんです。

前田　姫路や和歌山の局から局へ巡ってデモがやってくる。天満宮の太鼓借りてそれを叩きながら局巡りをやったこともある。局長を電柱に縛りつけたり、むちゃくちゃをやった例もあったと思う。これが反戦の素地だった。

江藤　それに似た話は国労高崎地本から聞いたことがある。反マル生闘争のとき、力になったのは職場の民主化闘争だった、と。同じように全逓では、六〇年代に集配臨時雇員の本採用闘争で勝ったとき、集配課なんかは解放区になった。支配体制が弱体化していた。そこに反戦青年委員会が広がる余地が出てきた。

□労働運動における大阪中電の位置

江藤　話を大阪中電の労働運動における位置・役割という問題に移していきたい。

芹生　大阪中電はいうまでもなく全電通の最大の拠点であるわけですけど、日本の労働運動全体にとっても拠点といえる職場だということです。民同にとっても左翼にとってもそうなんです。その要因は何かと考えると、なにより片甚という強い民同の運動があって、その大枠の中で左翼が自由に活動できた、高度の政治的自由が確保されたということじゃないか。例えば、組合役員に立候補する際には選挙公報に「支持政党」を明示して堂々と争うんです。片甚は「社会党」って書いた。松葉は支持政党を「共産党」と書いたし、柴田は「革新政党」と書いていた。べつにそれが排除の論理で使われたわけじゃない。党にも組合にもそういう強さがあったということ。

前田 おれはそのときは共産党だったから「共産党」って書いた。ブントができたときは、もうその欄は無くなっていたけどね（笑）。

芹生 政党と組合の関係は有機的に出来上がっていたし、だからそれらの共闘も堂々としていた。

前田 大阪電信共闘というのを社会党と共産党と労研でつくっていて、日韓闘争などをすすめていた。

芹生 そういう運動の在り方でも大阪中電は労働運動の拠点だった。そういう地点に立って七〇年安保をどう迎えるか、それが基本的なテーマだったと思う。で、われわれはストライキで迎えようと考えた。その先に「マッセンスト」の戦術が出たわけだ。活動家たちのイメージとして、ドイツ革命における「レーテ」のイメージを膨らませていたんじゃないか。大衆的決起によって七〇年安保闘争を仕組もうという目標があった。

□「マッセンスト」への流れを決めた

前田 それを決めたのが、六九年一月、宝塚の毛沢東思想学院での会合だった。その方針を電通労研が提起することにした。そのときは「マッセンスト」という言葉は使われなかった。一〇・二一を拠点ストライキで、ということだったと思う。言葉として出てくるのは七・六（さらぎ徳二ブント議長襲撃事件）以降だったのではないか。拠点ストの規模としては、大阪中電のほか国労と都労連の三つが決起する必要がある、これこそが新左翼の全体の統一方針だということになった。聞いていた大塚有章（毛沢東思想学院院長）が泣いて喜んでいた。

このときの会合は、党派の代表者会議みたいになっていた。メンバーとして陶山健一、樋口篤三、今野求、高田麦、荒川亘などがいた。当然、関西ブントとして位置づけることになった。それを言ったのはタケッチャン（竹内毅）の論文で、その発想の下敷きには藤田若雄の論文があった。

芹生 その頃、私は電通全国反戦の組織化に専念していたが、七月、京都の全電通大会で何としても一〇・二一ストの方針を決めさせようとした。赤ヘルが傍聴席を埋める状況の中で大会は開かれた。大阪中電や地方支部の三桁のヘル部隊。京都府知事の蜷川（虎三）のあいさつが野次りとばされた。異様な雰囲気だった。われわれの獲得目標は秋の決戦をストでやることを大会で決めさせることだった。一日目は混乱のうちに終わった。二日目をどうするか。というのは、赤ヘル部隊を見た執行部がこんどは大会防衛隊を配置することが予測されたが、機動隊なら別として、組合員の防衛隊など簡単に突破でき、そうなると大会は流会になる危険性もある。それは本意でないので動員はやめよう、ということになった。

前田 いや、他の事情もあった。大会に平行して同志社の学生会館に全国の反戦派が集合していた。

石川の梅沢（主体と変革派）、宮城の加藤滋（第4インター）も来ていた。一方中電では当局、管理者側が局内に「入れさせない」と言ってきた。荒木たちがこれに抗議して座り込みを始めた、という情報が入って、それならみんな「中電支援」に行こうということになって、翌日は傍聴に行かなかった。そんな事情もあった。

□第二世代の喪失感は大きかった

芹生　秋には決戦を挑まなければならない。しかしこのころ、われわれの間では秋にはブントがつぶれる、こんな予感があった。雰囲気として、悲壮感もあったかな、つぶれてもやむをえない、といったような感覚。そんな気分になった背景に、われらの信頼すべき後輩たちの主力が赤軍派に行ったということがある。塩見や田宮たち第三世代がごそっといなくなった。この喪失感は大きかったね。

前田　そう。田宮と藤本が市大にこもってしまって出てこない。柳田らも説得したけれどだめ。じゃ、おれがオルグに行くといったら、「もし彼らが出てきたら自分は大阪市内を逆立ちして歩く」と言うやつもいた。みんな諦めかけていたというわけだな。

でも結局出てきて、田宮は学対に来た。その後のことを考えると、私には田宮の人生を変えたという意識があるから、よど号以後も田宮と会っている。最初は彼らが「北」に行って一～二年目ぐらいからかな、かなり突っ込んチェチェ思想や日本の現状について討論を交わした。それからも市川誠団長、大谷竹山、田中機械の清水書記長、細川鉄工の津嶋委員長と私の五人で訪朝の時も、田宮や他のメンバーにも会った。市川さんが彼等にお土産として梅干の樽を持参していたのには驚いたね。

もう一つエピソードを紹介すると、あるとき、塩見が「相談がある」と言って近所の喫茶店まで来たことがあった。「おれたちはこれから非合法もやる」と、大きな声で言うわけだ（笑）。そのあげく「前田さん、非合法はどないしてやる?」と、またまた大きな声で言うから、「そんな声で怒鳴って非合法なんてあるか、普通はラジオの音を大きくして聞こえないようにして大事なことを話す」と言ったけれど、あいつはきょとんとしていた（笑）。

☐「マッセンスト」の評価をめぐって

江藤　さて次に、「マッセン」そのものの評価について、話を聞きたいのですが。

芹生　現象だけ見れば、「マッセン」といっても実態は四人の労働者が決起しただけじゃないかという見方があるかもしれません。しかしそれが中電の労働者と労働組合にどれほどのインパクトを与えたか、大衆はどう受け止めたか、労働組合はどう対応したか、各方面でどんな波及が起こったか、全体像が示されなければ、運動としての総括にはならないと思う。多くの労働者が四人の決起を「問題提起」と受け止め、大阪電信支部としても一〇・二一ストを決行するにいたる。労働組合の枠を超えた行動だから、支部として容認できないのは当然のことだが、松葉（誠一郎・全電通大阪電信支部支部長＝当時）たちによる支部声明も、いま読み返してみるとそれほど悪くはないものですよ。裁判のときの片甚の証言を前田さんから聞いたが、ぼくは感動しました。拠点としての大阪中電の運動の質を見せたと思う。

一方で、結果的には労研は解体を余儀なくされる。姿を変えていくことになる。最終的には電通合同労組になっていったわけで。全電通についてみれば、分割民営化の過程の中で姿も質も変わっていく、普通の労組になっていく、そんな過程をたどることになったのだけれど。これらは「マッセン」とは別の問題として総括されなければならないと思う。

前田　「マッセン」当日の動きとしてみると、佐渡（正昭）が逮捕されたあと、残った三人（桑畑正信、大前弘志、川村忠孝）が屋上から垂れ幕を流したわけだが、彼らを組合の倉庫に二日間かくまったのが松葉たちだったこと、私はあとになって知った。これには驚いたんだ。

私は私で九月二六日、党との関係はケリをつけた。たしかに私はブントの方針には賛成ではない。しかし、スト自体は支部として貫徹する、それに変わりはない。どうする気かと、松葉に迫った。さらに、佐渡たちを守るべきだ、とも迫った。たまたまそこにいた藤川が「そうや、同じ釜の飯くった仲のやつをほっとけるか」となった。迫力があったよ。藤川は全寮協議会を作った時の議長で松葉と同じ放出寮だったし、仁義というか侠気の男だからな。松葉は「ちょっと待て、本部と連絡するから」となった。結果、中電だけがスト突入となった、ただし、条件が一つ、争議によって発生する処分に対する補償費用は出さない、ということだったが。

私が驚いたのはスト参加四五〇人、デモに出たのが二八〇人という規模だ。しかも、「学生はヘルメット被っているのにおれたちは?」と言われる。配達職場に頼んで探してもらうが業者の手元にあったのは工事用の黄色いヘルメット。それを五〇〇個購入し、電通のマークを貼り付けてなんとか対応した。

芹生　そうそう、そういうことなんですよ。「マッセン」はそういうもの、流動化現象をつくりだしたんだ。たしかに目指したのはべつのものだった。たんなる騒乱でなしに大衆的決起が外の決起と連帯する「カタチ」をつくろうというものだった。そうならなかったけれど、大衆の間に流動化を引き起こした。そこを見ておきたい。

前田　一〇・二一の前日、北大阪制圧ということで集結したのが、一万二千と言われていたが、じつは一万八千から二万という説もある。二一日は七千から八千と言われたけれど、新聞記者によれば一万というのもある。それが中電の周囲をデモで巡っていた。これがどこの部隊だったのか、未だに不明なんだ。

福富　おれたち外からの制圧部隊は、大阪駅で機動隊に阻止線を張られて動きがとれなかった。堂島あたりまで進出したけれど、それが限界だった。中電の状況はいま聞いて初めて分かった。これまで知らなかった。すごいではないか。

芹生　だから、「マッセン」というのは、佐渡君たちが「七・九運動」(六九春闘と五・三〇事件双方の処分撤回を当局と全電通に求めた中電青年労働者の自立的運動)をはじめた七月から一〇月に至る期間全体の大阪中電における労働運動の流動化の事態を指している、と見るべきだろう。最終的に一〇・二一ストに至る過程全体を指す、としたい。暴力的な行動や運動のモラルにもとるような逸脱も含めて、意識の流動化による行動が問われていったんだと思う。

前田　その後四人はそれぞれ退職したり、中電を去っていった。次の世代としておれたちが期待していた連中が去っていったのは残念だった。実は彼ら以外にも労研の次の世代である降矢、吉井が退職し、森井英樹が転勤して中電を去っていく。彼らに与えた影響、その心中を思うとやり切れなかったし、寂しかった。

□「マッセン」の時代と現在をつなぐ視点

江藤　現在から振り返ると、いわば「神話の時代」になってしまった。この時代の教訓と現在をつなぐ視点がいま必要になっている。聞くところによると、今日の大阪電通合同労組は増えているという。結成当初、前田さんは一〇〇人ぐらいはと思っていたら、結果的に三八人しか来なかった。当時としては小さいほうだった。ところが現在六〇人ほどになっている。

前田　それは現在のNTTの耐えられない職場状態があるからだ。課長補佐みたいな役職の者が入ってくるんだ。病気が理由で外されるとか、いじめに遭う、それと闘うため、所長に抗議するために入ってくる。そんな例がある。そこでは闘うから環境も改善される。だから「一人でも合同労組員がいるところはちがうなあ」と言われるようになった。

たとえば去年の暮れにこんなことがあった。これまで年末に社員手帳が配られていたのに、今年からは経費節減のために配らない、と言われた。労組員がいるところでは、さっそく抗議だ。「営業に出かけても何にメモするのか」とやる。そんな抗議行動が始まって、その職場では全員に配ることになった。要するにNTTになってから職場環境は酷くなった。そこには怨嗟の声がある。だから労組のやることはいっぱいあるだろう。

江藤　大阪電通合同労組として「合同」と名乗ったのは？

前田　地域の争議団・大毎広告も組合員にしていったからだ。今こそ清水慎三の「ゼネラルユニオン」論が検討されるべきだろう。全労協の中には「○○県総合労組」みたいなことを発想しているところもあるが、やはりゼネラルユニオンということだろう。

大阪全労協をみても、出発は活動家集団の労組の集まりであったが、一定の成果を上げ、それなりに認知される段階に来ると、ごく普通の労働者が加入してくる。そうなると単組の枠を超えた一体性が薄くなるし、単組自身の運動課題が優先されることになります。それは必然かもしれないが、それを打ち破ることも常に念頭に置く。〝単組の枠を超えた一体性〟を目的意識的にも追求する姿勢を崩してはいけないと思うのだが。

江藤　清水さんがゼネラルを提起したのは八一年で、当時はだれも真剣に考えなかった。まだ企業別でいけると思っていたからだけれど、三三年経ってようやく力の限界を知った時期なんだと思う。

清水のゼネラルユニオンと社会的ユニオニズム

江藤　清水慎三さんのゼネラルユニオン論については、この本の第三部「労働戦線の再編と民営化の中で」でも触れていますが、ここで改めてゼネラルユニオン論の概略と現在の私の問題意識について簡単に触れます。

清水さんがゼネラルユニオンに言及したのは一九八一年の『労働情報』新年号での提言、「自立個人加盟労組を決意の時」ですから三三年前になります。この時期に一挙に強まった労働戦線再編の動きに対して、当時の総評左派の対応は鈍く、「全的統一を対置すれば六〇年代後半の労戦統一と同様に中途挫折し、結果として総評を防衛することができる」という楽観論が主流を占めていました。

これに対して清水さんは、七〇年代後半から顕著になった資本主義のグローバル化（当時の清水用語では〝世界サミット体制〟）と日本における企業社会の完成を指摘。今回の労働戦線統一の基盤がこのようなものである以上、従来の総評左派的水準では敗北必至という認識から、次善の策としてゼネラルユニオンを提起したのです。清水提言では次のよう述べています。

「日本の労働戦線の組織的空白地帯は…中小零細企業労働者群である。だが、労資対峙の場における労働側の戦略的陥没地帯は、組織された大企業労働者の中にある。」「労働側にとってのこの戦略的陥没地帯は…世界を闊歩する日本資本主義の最強のとりでとなっている。…とくに民間大企業の場合、長年の内外企業競争に勝ち抜いてきた歴戦の間に、周到に練り上げた分厚い重層型企業社会の核心となっている。」「こうした企業社会にドップリつかった企業別労働組合の全国的横断連合が労戦統一という名において、日本労働運動の主流」になろうとしていると分析。

次にその対抗策としてのゼネラルユニオンについて、「多元性」をキーワードにしつつ次のように述べます。「私はこの多元的戦線構築の一環として、広大な未組織地帯と民間大企業における戦略的陥没地帯に焦点を定め、『管理社会に対抗する人間的自立』に価値を置きつつ、労働者の自己主張を中心に連帯の輪を広げる『自立個人加盟労組』の創設が必要な時代と考える」と主張しました。

ところが清水提言のゼネラルユニオンは当時、棚上げされたまま〝お題目〟に終わりました。清水さんは自らの師匠である高野実の発言、「戦術対応ができなければ運動家にはなれない。戦術対応をする中から戦略との結び目を引き出すべきだ」を引用しつつ、「当面の課題に対して戦術的に対応でき、しかもその対応を通じて長期戦略課題とそれを結ぶ環は何かを提起する」。それが個人加盟方式に徹したゼネラルユニオンの形成だとわざわざ強調した挙句のお題目化による棚上げです。

これは清水提言に弱点が含まれていたというより、当時の私も含む左翼の水準が戦術的にも戦略的にも清水提言に対応できなかったというべきではないか。その上でもし清水提言に〝弱点〟が孕まれていたとするならば、清水さんが分析する「分厚い重層型企業社会」が想定よりもはるかに堅牢であり、当時の『労働情報』的左派の水準では歯が立たなかったからだと私は考えています。

それは第二次世界大戦後にアメリカで成立したフォーディズム型資本主義の好循環構造、すなわち大量生産・大量消費経済と中流社会化（ニューディール型社会）に労働組合がシステムとして組み込まれた結果であり、アメリカのＡＦＬ・ＣＩＯはその典型でした。ところがグローバリゼーションの破綻はフォーディズム型好循環を破壊しました。ニューディール型社会の申し子であるＡＦＬ・ＣＩＯは急速に影響力を失い、それに代わってＮＰＯを軸とする社会的ユニオニズムが大きな流れとして登場しつつあるようです。そして二〇一一年に注目されたウォール街占拠闘争（Occupy Wall Street）も同様の文脈の中にあるように私には見えます。

労働組合の破綻という点で日本とアメリカには類似点があるとしても、産業別労働組合が中心のＡＦＬ・ＣＩＯと企業別労働組合の集合体である日本の連合との間には、同じ土俵で論じられない違いがあります。しかし、その点を考慮したとしても、清水提案のゼネラルユニオンと社会的ユニオニズムには共通点が感じられと思うのですが、皆さんはどうお考えでしょうか。そして、ゼネラルユニオンの再浮上は可能でしょうか。

□「大きな物語」ではなく「小さな物語」が展望を導く

芹生　日本の労働運動を考えるうえで中心的な論点は、従業員一括加盟による企業別組合の問題です。その弱点を、職場闘争を通じて克服しようというのが、清水慎三の執筆になる総評の組織綱領草案だったが、ついに採択されることはなかった。そして職場闘争が衰退していくにつれて、生産点では従業員意識をてこにして企業の労働者支配が完成し、活動家は異分子として排除されていく。

企業別組合は異端排除のシステムとして機能するわけです。私は清水慎三の「ゼネラルユニオン」の提起を、総評組織綱領草案の延長として、つまり総評労働運動に受容されなかった内容を左翼（新左翼に限らない）に対して改めておこなったものと受け止めています。同様に、六〇年代末から七〇年代はじめにかけて藤田若雄による「誓約者集団」論の提起もあり、新左翼の間で流行ったこともあったが、労働運動の路線として深められることはなかった。

労働運動が企業別組合の論理の貫徹としての労働戦線再編・統一に向かう中で、一方では「ユニオン」と名乗る個人加盟の地域労働組合が続々と結成されていった。産別レベルでも、闘わなくなった既存の労働組合から離れて個人加盟の「ユニオン」が生まれている。私は、労働実態から離れて労働組合の形態や路線を論じても意味がないと思う。問題は、現に生じている労働問題――たとえば非正規雇用の問題――に向き合い格闘する組織、運動であるかどうかだ。既存の労働組合が全く対応しない中で、地域や職場でこうした課題に真剣に取り組むなら、たとえ少数でも、派遣労働や有期契約労働、外国人労働者や研修生の問題について社会的代表性を主張することができる。実際いくつかのユニオンはそうした位置にあると思う。

江藤さんがいうように、状況は「労働情報」的左派では歯が立たないというのはそのとおりなのでしょうが、体制の小さな割れ目をこじ開けるような社会運動（労働組合であれＮＰＯであれ）は各所で出てきています。さしあたりは「大きな物語」ではなく「小さな物語」が展望を導いてくれるのではないでしょうか。

座談会補遺

「一〇・二一中央権力闘争―マッセンストライキ―北大阪制圧」闘争について

福冨　健

（1）マッセンストライキに至る経過（前史）

六〇年安保闘争は戦後最大の政治闘争として闘い抜かれた。社会党・総評の戦列、共産党の戦列の中で、急進民主主義闘争の頂点に登場した全学連は闘いの新たな局面を切り開きながらも崩壊せざるを得なかった。そして同時に、六〇年三井三池の壮絶な闘いは安保闘争と結合することができなかった。民間における労働運動はその後次々とその戦闘力を合理化反対闘争の中で解体され、労働戦線統一の名の下に右翼的再編攻撃にさらされた。いよいよその戦闘力は官公労に局限され、三公社五現業の民営化攻撃が始まろうとしていたのが、この六〇年代半ばから七〇年代にかけてであった。

そんな中、四分五裂していた新左翼の諸グループは、六四年八・二一集会（大阪・国民会館）に結集した。また六六年には第二次ブントが旗を揚げた。全国的に労働戦線においても、長船社研、電通労研を始め動労、国労が注目された。

とくに大阪におけるブント系の電通での組織化と反戦青年委員会の組織は大きな部隊を作り上げた。この部隊を六九年闘争に全て投入することになった。

（2）六八年、学生の全共闘運動は一挙に全国の大学を巻き込み野火の如く広がった。ヴェトナム反戦闘争の世界的な広がりと、国内においては六九年安保決戦を念頭に運動が始まった。関西地区反戦連絡会議、京都、大阪、兵庫の全共闘学生部隊、電通を始めとした官公労の反戦派労働者が大阪中電拠点ストライキへ向けて動き始めた。ブントは「戦旗」紙上において、一斉に「ソヴィエト運動論」を論じ始めた。

全共闘が切り開いた運動を労働者の中へ、労働者一人ひとりが自らの意志で決断し、政治ストライキに突入する。これが六九年一〇月二一日大阪中電マッセンストライキである。果たしてこの歴史的な闘いは何をもたらしたのか。

大阪における六九年一〇・二一闘争が巨大な闘争であったことは間違いない。何よりもその与えた影響の大きさである。中電スト実のストライキ宣言（一〇・三桑畑執筆）とスト突入を頂点に闘いが始まった。

全関西ストライキ実行委員会は、

一〇・一六　全関西総決起集会（基調報告・福冨健、尼崎労働会館）を開催。

一〇・二〇　記者会見を開き「中央権力闘争―中電マッセンストライキ―北大阪制圧」闘争をぶち上げた。

そして一〇・二一当日、扇町公園に約二万人の反戦労働者と学生の部隊が続々と集結した。闘いに決起した中電スト実に連帯するためである。一年近くに及ぶ拠点ストライキ、大阪中電マッセンストライキの宣伝活動は地域、職場、学園に闘争組織を作り上げていく過程でもあった。その合い言葉は「中電マッセンストライキ貫徹」であった。全ての部隊は中電をめざした。実はこの闘いは七・六ブントの内部抗争により、塩見（後の赤軍派議長）たちの強力な部隊が脱落した。中央権力闘争と銘打った戦術は大打撃を受けた。

また大阪中電内部では電信反戦の大きな部隊と電通労研を組織することができなかった。それは多大な困難と犠牲を伴うものであったためでもある。それにもかかわらず中電スト実の衝撃が極めて大きな影響を与えたことも事実である。それは扇町公園に集まった労働者、学生はもちろんのこと、大阪中電周辺、大阪駅前を埋めつくした群衆の姿の中にも示されている。

そのデモ隊は中電を包囲し突入をめざしたが完全に阻止されてしまった。大阪駅前は密集した数千人の群衆がデモ隊を取り巻き事態の推移を見つめていた。私もトラックの上でデモ隊と群衆に対してアジテーションを行った。群衆は夜中一二時を過ぎても立ち去らなかった。何かが起きる、との思いからである。

（3）この闘いはわれわれはもちろんのこと、警察権力、全電通労組いずれもが全国体制の布陣を敷いたのである。

電々公社中央の指揮の下、大阪中央電報局ビルは一〇月に入るとジュラルミンで包囲され、入り口はベニヤ板の仮木戸が作られて出勤者を検閲していた。

一〇・二一当日、警察権力は他府県の応援の下八千名を動員したと言われていた。そしてその大半は私服警官で対ゲリラ作戦として群衆の中に投入された。この包囲網にわれわれの特殊部隊は全て封じられることになった。

また北大阪一帯の公衆電話は全て撤去され、「北大阪制圧の特殊戦術」も不発に終わった。

全電通労組中央本部も近畿地本、大阪中電支部の直接指揮にはいっていた。

社会党・総評は当日、大手前公園で集会を開き，その多くの部隊はデモ行進で夕方の扇町に向かい、反戦派労働者や学生部隊と合流し、一〇・二一扇町集会は予想を上回る大集会となった。

この闘いは、続く一一・一三扇町闘争で一転して激しい攻防戦となった。その結果遂に一人の岡大生が死亡という結末を迎えた。

東京では「新宿騒乱」という言葉通りの闘いが激しく燃え上がった。これは大阪における闘いと共に、日本階級闘争に新たな苦難の時代を告げることになった。

(4) すでに四十有余年が過ぎた。この闘いは今に至るも多くの傷跡を残している。私はこの闘いに対して、中電スト実を直接指導する立場にあった。

また一〇・二一闘争に対しては関西ストライキ実行委員会代表の立場にあった。四年前、北大阪反戦四〇周年記念集会が開催された。

佐渡、嶽山両君を中心とする、かつての北大阪反戦青年委員会の活動家たちが主催して、五〇名くらいが集まった。皆六〇代、七〇代であった。

そのメンバーの一人、佐々木君は集会直前に突然に亡くなったことを集会当日に知らされた。主催者代表を務めたのは嶽山君であった。六九年安保決戦後独立して事業を起こし、警備会社を経営していた。その傍ら佐渡君と共に「マッセンストライキ総括」活動をやり、北大阪反戦青年委員会のメンバーをまとめ上げていた。その彼も二〇一二年八月三日に癌の再発で亡くなっている。癌との壮絶な闘いであった。彼は最後まで自らの病状を記した報告書を送ってくれた。その強靭な精神力は驚くべきものであった。

彼らは毎年正月に集まり「マッセンストの思い出」を肴に酒を飲んでいた。私も参加したことがある。一〇・二一闘争では彼らはいずれも中心メンバー。全員が特殊な任務を、最も困難な任務を担って、当日権力に封じられてしまった。その悔しさが彼らの心を掴んで放さない。それが共通の絆になっている。それを、四〇年以上も続けてきているのである。その思いの深さと重みは計り知れない。人生そのものを決定付けたと言っても過言ではない。もちろん私自身も例外ではあり得ない。

また今回たまたま前田裕晤氏の本の出版に関わる中で、マッセンストに反対せざるを得なかった人たちの心の叫びにも触れることができた。彼らの苦しみも、とても重いものであったことが伝わってきた。なるほど、と頷けるところがあった。いずれも苦しみ抜いた姿が思い浮かぶ。

また聞くところによると、大阪中電出身で当時全電通中央本部副委員長として異才を放っていた片山甚市はマッセンストライキの関係で委員長になれなかったと言われている。

その後彼は参議院議員に当選する。私は彼の晩年に、たまたま佐々木君の案内で反戦のメンバー数人と自宅を訪れたことがある。体を患っておられたが、奥さんと共に優しく迎えられた。私に彼が言ってくれたことは、

「立場は違ったが君も本気だったな」

であった。言葉は少しばかり不自由であったが、これが片山甚市という希代の人物だと思った。時代を彩った人物の一人である。これも事の一端にすぎない。

第五部　資料編　堂島川畔の青春裸像ほか

【解題】

江藤正修

「堂島川畔の青春裸像」の初出は一九八二年発行の大阪中電内同人誌『ピヨピヨ』である（『ピヨピヨ』については第二部第四章「二つの全国拠点・全金港合同と大阪中電をめぐって」の項参照）。ここでは前田さんが一九五〇年、大阪中電に入局して出会った仲間たちの様々なエピソードを通じて、現時点で八〇歳前後となった当時の〝青年たち〟のメンタリティがどのようなものであったかが、赤裸々に伝わるものとなっている。

ここから明らかになるのは、この青春裸像が特別な存在ではないという点である。彼ら彼女らは、貧困と格闘しながらお洒落を心がけ恋もする普通の青年たちである。もしこの青春裸像に異なる点があるならば、それは労働運動拠点としての中電が持つ集団性だったのではないか。

今や、このような集団性はまったくの時代遅れとなってしまったが、昨今論議され始めている〝居場所〟や〝コミュニティ〟の論議と一脈通じるところがありはしないかというのが、私の願望でもある。

（なお、「堂島川畔の青春裸像」は一九九二年、「前田裕晤さんの円満退職を祝い、生涯一活動家を励ます集い」が東京で開かれたときにも参加者に配布されました。前田さんはこの続編を執筆していますが、パソコンのトラブルで間に合わせることができませんでした）

【「堂島川畔の青春裸像」について】

前田裕晤

大阪中電という職場を時代を追って振り返ってみると、労働運動の動きや、労働者の思い（思想）を見事に投影している典型的な職場であることがわかる。

私は、敗戦と復員、各局ごとに結成されていく戦後労働組合の創設過程や、二・一ストへの昂揚期、そして中電の職場に吹き荒れたレッドパージは経験していない。

当局が強硬な管理体制に入るレッドパージ直後の一九五〇年、私は労働者としての第一歩を踏み出した。

私は四〇余年の職場体験の中で、多くの若き労働者たちが様々な苦悩を背負い、青春を駆け抜けていく姿と出会った。

今は歩く道が違っても、それぞれの時代を正面から凝視し、苦悶して生きた若者たちの裸像は、私の人生に少なからぬ影響を与えたし、自らの青春ともオーバー・ラップする。

次にあげる四編は、彼らとの出会いをどうしても闇に葬ってはならないと考え、一九八二年、私が同人誌『ピヨピヨ』に寄せた「堂島川畔の青春裸像」である。もちろん未完であり、これからも順をおって書きとどめたいと考えている。それも私の責務のひとつであるように考えるからだ。

（一九九二年版パンフレット「生涯一活動家」より）

堂島川畔の青春裸像

＊＊＊＊その一＊＊＊＊

私は一九五〇（昭二五）年に京都電気通信学園普通電気科を繰りあげ卒業して、大阪中央電報局に配属された。

一六歳の時である。繰りあげ卒業の理由は、当時のレッドパージによる大量の労働者の追放の結果の仮補充として、急遽、電信二級の検定で卒業となった次第で、逓信省からの二省分離で、電気通信省と称せられていたころである。

京都の寮からトランク一つをかかえて大阪の伯母の家についた私は、早速、大阪中電の地理・通勤経路を知るためにと、局の周辺へ出ていった。

秋も深まり、雨が降っている日であったが、たずねてやってきた大阪中電は、通用門は完全にシャッターがおろされ、薄よごれたタイル貼りの、そのくせ円塔を持った建物を、これが、明日から、初めて仕事につく職場の建物かと、眺めていた時、シャッターのくぐり戸があくと、中から女一人と男二人の紺の作業服を着た三人が、守衛らしい人、五、六人に囲まれて押しだされて出た。

女子労働者はハダシだった。服の汚れからすると引きずられたのだろうか？

彼等三人を門外に出すや、またくぐり戸は閉され、三人はシャッターをたたきながら、「中へ行れろ」と叫んでいた。

二人の男は、シャッターの前に座り込んで頭をかかえていたが、女の人は、泣きながら「中へ入れて」と叫びながら戸をたたき続けていた。

私が中電を訪ねて最初にみた光景は、レッドパージによって放り出された最後の三人の労働者の姿だったのである。

その時以来、中電労働者としての生活は、今、三二年をこえた。

手くずれを心配しながらたたいた電鍵（モールス信号）も、ＳＫ方式も、電報の自動化によって、局舎も堂島川をはさんで玉江橋よりの、旧海軍の水交社跡にできた新局舎に移り、職場構造も大幅に変わってしまった。

かつて電信労働者として、トンツーマンといわれた労働者も、ディスプレー方式とやらに変る等々がいわれる段階である。

変わったのはそれだけではない。中電の労働者気質ともいうべきものも、私の目からすると、かなり変ってきたとも思える。

多くの青年労働者が、ではいかなる青春のエネルギーを、この堂島川畔で燃焼したのであろうか。

それは単なる懐旧の情に基いての回想の記を記そうとしているのではない。一つの職場に青春を賭けた多くの青春群像の歩みが今日を築いてきたと思うからである。

■中電を去っていったK君

K君のことについて記そう。K君はあまり自分の環境を語ろうとはしなかったが、彼が私と同じように無料給費生学校だった学園に入学したのは、私より一期下の三期生として京都にやってきた。当時北野高校の記章をつけた学生帽をかぶっていた。

ギッチョで負けん気が強く、卓球も上手で、卓球を一緒にやるうちに仲良くなったのだが、大阪中電に彼も配属され、さまざまなことを語りあう仲となった。

K君が北野高校を中退したのは、やはり家庭の事情だったようである。彼にとって非常に腹立ったことは、中学時代に成績も悪かった同級生が、高校進学して学生生活を送っているのに、自分は父がなく、働かなければ母と弟の面倒がみきれない自分の運命についてであり、局で働きながら、早朝には新聞配達をやって生計を支えていた。

二六年頃の中電は、前年のレッドパージの影響もあり、戦後の労働争議を中心に担った活動家は職場を追われ、その反動の故か、管理者たちが、わがもの顔に職場の労働者に対応していたし、職場には、旧全逓の組合の流れを汲む人と、御用組合と呼ばれた全電通との二つがあり、私たち新米労働者は、ただ黙ってそれら先輩の口論を見たり、管理者のいいつけに従うだけだった。

Mという課長は、職場の中で新米に、肩をもめと命令したり、昼食のおかずを、近所の店に買いにいかせたりするほどだった。

K君のいた職場は、その中でも親分子分の関係が存在するような職場で、負けん気の強い正義感をもったKとは、なかなか相入れず、「新米のくせに生意気だ」といって、よく屋上に引っぱりだされて、暴力を振われたことも再三あった。

職場の雰囲気として、トンツーが、まともにたたけるまでは、誰も一人前の相手をしてもらえず、しかも相手局の労働者が一人前だと、通信中に「へボカワレ」とたたかれ、先輩に頭を下げて仕事を変ってもらわねばならない屈辱に悩まされねばならなかった。

この時、旧局の四階の新米二〇人位が、突然、別館の屋上に職場のボス連中に呼びだされ、「挨拶の仕方を知らん」として、全員が一列に並ばされてビンタをくらうという事件があった。

もちろん局側もこの事実を知らなかったのではないが、そしらぬ顔である。

K君が私にこの時相談にきた。

「なんや、職場の古い連中は、全部ではないが、暴力集団みたいなボス連中に、黙っていたら、やられるだけやないか、新米同志で仲間を集めよう。無茶なやり方には、反抗しようや、もう黙っているわけにはいかん。」

その話合いの結果、集りの場として、サークル活動を始めようということなり、まず文学サークルを作ることにした。

「文学サークル」にしたのは、当時の私も、文学をやってみたいという希望があり、Kは詩を書きたいと思っていたからで、早速、二人で、新米仲間を勧誘してまわり、十三人の仲間が集って、「大阪電通文学会」を発足させ、三号目から『堂島川』と名称をかえることになる。

K君は、このサークル誌に、多くの詩を発表し、またルポルタージュも書くようになり、従来にない明るさを持って来た。

K君は、サークル活動を通じて、サークル仲間の世話役を引き受け、同じ中電の仲間の苦しみや、悩みの相談相手になり、その中で、ボス支配下の職場の中で、若者の代表として組合の職場委員に立候補した。

彼は情熱的に同じ課の組合員になぜ立候補したかをオルグしだした。

職場の中で、三人の大ボス小ボスに取り囲まれて、新米のくせに生意気だとして吊しあげをくったのはその時である。

Kは、ひるまなかった。「立候補する権利は、組合員誰でも持っているはずだ。自分の意見を述べるのは自由だ」と、しかも、大声で、五階のフロアー全体にまでその声は聞こえた。

丸坊主の、一六〇センチの身長もない、丸顔のKが大声で頑張る姿は、異様というよりは見物だった。

ボスの一人が、はきすてるようにいった。

「お前はアホか、またパージされるぞ」……Kはその時、びくっとして、引きつったような顔をしてボスの顔をにらんでいた。

職場選挙の結果は、Kを一位で当選させた。その夜、Kは私に言った。

「仲間が必要だ。文学サークルだけではだめだ。もっと、政治や、社会や、組合のことを討論できる場が必要だ」と。

しばらくして、Kは古本屋で、プロレタリア文学全集を探してきた。

明治の硯有社系の文学に親しんできたKにとって、それはかなり衝撃的なものだったにちがいない。たちまち、Kの作る詩にしろ、評論も内容が変ってきた。

Kが共産党に入ったのはその直後である。それからのKの活動はすばらしかった。情熱的にオルグをする。組合の委員会の席上では、一旦自己の主張を発言しだすと、決して引き下らなかった。しびれを切らした議長が、採決をとるまで喰いさがっていたし、委員会席上でボス連中から、「生意気だ、外へ出ろ」と何度も恫喝をくっていたが、ひるまなかった。

私はその頃、豊中の岡町寮にいた。彼は十三から通勤していた。

夜勤帰りで、たまたま一緒に阪急電車に乗った時、「この中で革命を考えているのは何人いると思う、おれたちだけじゃないかな？　街の中を一人で歩いていても、人ごみの中でも、ときどきおれ一人かなと思う時があるんだ。体の中がぞくぞくするようになるんだ。」と、かなり自分を意識した発言があった。

そのKも恋をした。同じサークル仲間の女性で、まだ定時制高校に通っていた飾り気のないTさんだったが、彼の想いを打ちあけたことはない。

共産党北地区委員会の常任が病気になり、献身的な職場活動家のKに、常任への誘いがかかったのである。

彼は中電を去る決意をした。党の常任として職業革命家の道を選んだのである。

サークルの仲間が集って、送別会が開かれた。Tさんも出席していた。

Kは、皆がびっくりするほど酒を呑んだ。ベロベロになった。

そして、Tさんの前で、手を握りながら、ポロポロと泣いていた。

Kの恋は終った。何も言わずに、そして中電を去っていった。

しばらくして、Kが、梅田地下街で「アカハタ」売りをしている姿がみられた。

それから半年ほどたった頃、夜勤帰りの私と、地下街で顔を合せたKは、以前の元気がなく、コーヒーを飲んでの帰り、密封した包みを私に託し、預っていてくれとたのんだ。

Kが失踪したのは、それからしばらくしてからである。

私はKからの預りものをほどいてみた。何冊かの本にまじって、私宛の手紙、原稿用紙に十枚近い分量のものが入っていた。

その中には、Kが始めて遊郭に行って、女を買った事が記されていた。そして、そのあとの革命家たらんとする自分が、女を買った行為にたいする自己嫌悪の念が、これでもかこれでもかというほど、かかれてあり、自らの革命家失格の念と、中電の職場を去ったことの後悔の念が綴られていた。

Kの消息はそれっきりである。仲間がいくら手わけして探してもわからなかった。

＊＊＊＊その二＊＊＊＊

一九五〇年に中電に入った当初、伯母の家から通勤していた私は、独身寮への入寮を希望していたが、なかなか許可が出なかった。

十二月も半ばになって、ようやく豊中市の刀根山寮へ入ることになった。

刀根山寮は変った寮だった。江戸時代から続いたという旧庄屋の屋敷を、そのまま戦後電気通信省が借入して独身寮にしたもので、持主がそのまま寮長となり、寮生は、玄関両側の小部屋や、本屋の中の各部屋に、四人、三人と住んでおり、奥へ行くには、枕もとを通らないといけない構造になっていた。

もちろん、私が一六歳で最年少になるのだが、入って驚いたことには、レッドパージで、中電を追放された労働者が、まだ三人居残っていた。そして、その人たちは、毎日寮でゴロゴロしていて、仕事についている様子もなく、土間のある食堂に出てきて、私のような新米に、いろいろと中電のことを語ってくれたり、日本の封建残像を打破し、民主化の必要なこと、天皇制の犯罪性を教えてくれたりした。

ある時、そのうちの一人から、「前田君、少しカンパしてくれないか」といわれた。「カンパ」の意味がわからず、その意味をたずねたら、私より三、四歳年上のAさんが、「こんな新米にいうのはやめてくれ、おれが用意するから」といって、五〇円をその人に渡した。パージされた三人は、どうやら寮生のカンパによって生活しているらしいことがわかった。

それ以来、Aさんは、何かと私に話しかけてくるようになった。

□木曽の山奥から

Aさんは、岐阜県の山奥で、長野との県境に近い所からきていた。母は亡くなり父と弟との三人暮し、父は国有林の木樵りで、酒呑みで、全くの貧乏暮しとのことだった。

小学生の時から、仕事を探しては、家計を助けたとのことで、ある時は、変電所に落雷があって、焼けた変圧器の掃除のバイトをしたとのことである。自分の背丈ほどもある変圧器の中の、油ドロをくみだし、キレイにみがくのだが、「体に油がしみついてなかなかとれなくて困った」といって笑っていた。

Aさんによれば、逓信講習所に入り、大阪中電に入って、とにかく、メシは喰えるようになったよ、といっていた。少い給料の中で、弟さんには、毎月僅かでも送金しているらしかった。

そんなAさんは、北野高校の定時制に通っていた。通勤の車中でも、英単を一生懸命にくっていたのをおぼえている。

「前田よ、局で仕事をしているだけではだめだ。わしらは仕事をしながら、夜、高校に通っているが、おれはそれで満足はしない。同じ世の中に住んでいながら、おれは貧しく、一方では、金持ちの子どもは、何不足なく、学校へいっている。飯も、三度三度たべている。なぜなんだ、世の中の仕組みがおかしいとは思わないか。おれは大学へ行きたい。そしてもっと、世の中のしくみについて勉強してみたいと思っているんだ。お前も、勉強をやれよ。」そういってくれた。

私は、Aさんの言葉に励まされ、再度高校に転入することとした。Aさんは検査課で日勤専門で定時制にいっていたが、私の場合、電信託送課から、一ノ二課に変り、さらに課長とけんかした翌日から、電話託送課に変らされていた。

電話託送課は、女性が多い職場であり、私は夜勤（午後四時〜十時）専門になったせいもあって、昼間に私立高校に通うこととした。

丁度その時、同じ豊中市内の岡町に、新築の二人一室の独身寮が完成し、Aさんを含め私たち三名は、同じ寮生から、君たちは若いし勉強したいのなら、そちらに変れと、好意をもっていわれ、他寮からの入寮省は、選考されたようだが、スムーズに転寮した。

日勤をして、定時制に通う人たちは、他にもあったが、毎朝七時半頃寮を出て中電にいき、五時から高校に行き、夜、十時頃寮へ帰り、それから部屋で勉強をする形となっていた。夜勤をしていた私は、七時に寮を出て岡町駅から、大阪、京橋経由で京阪香里園まで通い、高校を三時に出て、中電に四時に入り、十時に仕事を終って寮へ帰ると、十一時だった。冷たい飯をすましてから、二階の部屋に入って、窓からみると、受験を目指す部屋は一目瞭然で、夜の二時頃まで、灯がついている。

　そんな生活を、Ａさんも私も続けていた。

□人の輪

　それは、五二年の六月のことである。

　私は、同じ夜勤組みの三人と、午後十時に退局して、帰途、大阪駅前までやってきた。当時はまだ、駅前は市電が通っていた。駅の正面には、警察のホロ付トラックが並び警棒を持った機動隊が待機していた。そこへ、民族独立行動隊の歌声がきこえ、第一生命ビルと阪神との間の道から、大勢のデモ隊があらわれた。

　この夜、中之島公会堂で、戦後初めて訪中した、帆足代議士、高良とみ代議士の訪中報告集会が開かれ、終了後の聴衆が、大阪駅までデモ行進をやってきたのである。デモ隊が駅前にくるや否や、「かかれ」の号令のもと、まちかまえていた機動隊が、こん棒をふりかざして、一斉にデモ隊におそいかかっていった。

　私たち夜勤組三人は、ぼうぜんとして中野前から、その光景をみていた。

　しばらくして、機動隊は、次第にデモ隊を制圧し、道路に倒れる人たちを、ひきづってきては、トラックに放り込み、一台、二台と連行していった。

　私たちも駅前まで出ていった。

その時、二人の警官に両足をもって引きずられていた男がいた。意識もないらしく、引きずられて、頭が、市電の線路の上を、ゴトン、ゴトンと打ちながら、そして、血がその引きずられたあとについていた。その男の顔を見た時、眼鏡はなかったが、まぎれもなく、それはAさんだった。私の横にいた年配の人が叫んだ。「人殺し、貴さまらそれでも人間かあ」しかし警官は、だまってAさんをトラックに放り込み、曽根崎署の方に動かしていった。

私は、自分で何を叫んでいたのかわからない。Aさんは、大丈夫か、死んだんだろうか、と思っていたが、何を叫んだかは記憶がない。「落ち着け、前田落ち着け」という友だちの声でわれに返り、阪急に向って歩きだした時、大阪駅東口の広場で、突然、女の子の歌声が、きこえた。五、六人の女の子が、肩をくんで輪になり、「民族の自由を守れ、決起せよ祖国の労働者、はえある革命の伝統を守れ、……」と、その女の子の顔は、涙が流れてとまらず、泣きながら唱っている。

あっという間に、東口広場は、周辺の人たちが中に入り、幾十もの輪ができあがり、見知らぬ人たちが手をとり、腕をくみ、歌声はあたりにこだましていた。「逮捕者を取りもどせ、曽根崎署に押しかけよう」と、輪の中の誰かが叫んだ。広場一杯の群衆は、そのまま、大通りを横切って曽根崎署に押しかけ、口々に、「不当弾圧だ」「逮捕者を釈放しろ」と叫んでいた。

私たち三人は阪急の終電車で、興奮しながら寮に帰った。

寮について、三人は、逮捕されたAさんのことについて語りあった。一人がいった。「危い、Aさんの私物をかたづけよう、家宅捜査の可能性がある」。ただちに三人は、Aさんの部屋に入り、机、押し入れを整理すると、小冊子で、「詰将棋百題」と表面に記されてながら、その中味は、闘いのための武器は、何が良いか、クギ一つでも武器になる等々が書かれ、ウスペライ小パンフの表題は、「球根栽培法」とあり、中味は、火エンビンの製造法が書かれていた。

実直、謹厳なAさんの私物に、この種の書があるとは夢にも思わなかった私たちは、あわてて、それらを一まとめにして、私の部屋の天井にかくすこととした。

Aさんは、十日ほどたって釈放された。差し入れや、カンパを募った私たち三人は、それぞれ、課長によびだされ、「君らは、局に何か不満があるのか」とたずねられた。Aさんは、頭を包帯でまき、手には、手錠のしめつけた筋が、まだ残っていた。「すまん、迷惑かけたなあ、おれは、北野の社研から、集会に皆といったんだが、眼鏡を落して、ウロウロしてる所をやられたんだ。荷物を預ってくれて有難う、その荷物の件は黙っていてくれ」と言った。

一年たって、Aさんは私に言った。「前田、おれは大学へ行くのはやめだ。大学へ行かなくても、自分でやることが、まだまだあるのに気づいた。中電から外へ出ようと思っている。前歴があるから難しいかも知れんが、やってみるよ」と。

それから一年後、Aさんは無線関係に転出してゆき、中電から離れていった。

Aさんの消息はそれ以来不明である。

＊＊＊＊その三＊＊＊＊

□一枚の写真

少し変色しかかった一枚の写真がある。

雨でぬれたレインコート姿の男たちが、スクラムを組んで、デモをしているスナップ写真である。写真の裏には、「一九六〇年一月一六日、東京羽田にて」と記されてある。

そこには、六〇年安保闘争のクライマックスの一つ、岸首相渡米阻止行動に参加した、大阪中電支部派遣代表団員の中の五名の顔をみることができた。

二三年前の写真であり、情熱にもえ、スクラムと、何かを叫んでいる表情の青年たちの顔が、いまもそのままに浮んでくる。そして、その五つの顔は、もう二度と揃えることはできない。

□長くて短かった一日

安保反対の声が全国津々浦々にひびいた六〇年の一月、中之島電々体育館では抗議行動上京団の激励会が盛大に開かれ、「飛行機の車輪にくらいついても、岸をアメリカにいかせるな」とはげまされ、反安保大阪代表団の貸切り夜行列車で、中電代表団七名も上京したのである。

列車は、各産別、政党を含めた抗議団で一杯であった。

静岡を通過するころ、羽田空港に学生たちが坐り込み、行動を起したとの情報が伝わってきた。上京団の雰囲気はもり上り、早く東京へと、あせる気持で騒然としていた。

ところが、列車が東京についても、直ちに羽田へ直行の予定が、上京団は、そのまま国労会館のホールへつれていかれた。

「羽田では、いま挑発行動がおこなわれている。大阪代表団は、夕方の代々木公園での集会参加のため、ここで待機する」と、国民会議の代表が伝達をした。

ホールの中では、あちこちで、論争が始まり、抗議をするもの、だまってぬけだす人たちもいた。中電代表団は、大阪総評や、国民会議の代表に、「おれたちは、国労会館で待機するために上京したのではない。渡米阻止闘争に参加するためにきた。すでに羽田で闘いが始まっているのに、なぜいかせないのか、おれたちだけでもいく」と宣言してホールをとびだした。

S君は、中電代表団の一員ではあったが、同時に大阪民青の副委員長でもあり、肩に、「民青大阪府委員会」のタスキをかけていた。共産党のリーダーから、「君がゆくならタスキをはずせ」と恫かつされ、S君は憤然としてタスキを投げすてて外に出た。

F君は、その時、リーダーに向って、「お前らそれでも前衛か、大阪から何をしに東京へきたのかわかっているのか」と、くってかかっていたし、中電代表団の中では最年長のOさんは、目に涙をためて、「今は行動の時だ、あんたらは、誰が敵かをはきちがえている。おれは一人でもいく」と抗議した。

雨の降る東京駅前にとびだした私たちに、婦人民主クラブのおばさんが、「待って、待って」といいながらとびだしてきた。

おばさんは、私の足に抱きつき、「いま、あんたらが羽田に行くとケガをするだけや、気持はわかるが、しんぼうしなさい」と泣きながら説得された。

「おばちゃん、かんにんや、わしらは闘いにきたんや、かんにんやで」と、ふりほどいて羽田へ向ったのである。

中電青年行動隊の旗を持って羽田へ着いた時、空港ロビーから追いだされた全学連のデモ隊は、雨と泥と、ボロボロにされた服装のまま、デモで機動隊とぶつかりながら、移動している最中だった。私たちは、そのぶつかり合いの隊列に合流し、規制されながら、附近の公園へ移動した。

その隊列には、各自治会旗にまじって、労働者の旗は、唯一、「全電通大阪中電支部、青年行動隊」の旗、それだけであった。

雨と、泥とでびしょぬれになってのデモの光景が、一枚の古い写真とオーバーラップして私の頭の中に浮んでくる。

そう、もう二三年前のことなのだ。


大阪へ帰った代表団を待ちうけていたものは、職場の仲間のいたわりの言葉と、全く皮肉なことに、日本共産党の地区・府委員会からの分派行動?をとったことへの釈明要求だった。それは代表団員の大半が、日共党員のせいである。

Ｏさんは、平和を守る会の責任者を兼ねており、一・一六闘争と、それへの対応の誤りを指摘し、機関紙上に発表した。

この事件を契機に、細胞員一〇〇名を超した中電の共産党は、以後一年間にわたる内部論争に突入してゆくことになり、六一年四月には、中電細胞の解散、集団離党事件へと拡がっていったのである。

□労働者の生き方

代表団の中で結婚していたのはＯさん一人であった。子どもさんも確か二人いた。

職場の信望も強かったＯさんは、細胞解散が決まった夜、私たち何人かを、自宅に呼んでくれた。一升ビンの酒を冷やのままで呑み、ただ黙って酒を呑みながら、ポロポロと涙を流していた。

「おい、明日から、何を信じて生きてゆくんや、おれたちの前衛は、どこへいったんや」出てくる言葉は、そのくり返しであった。

Ｏさんが転勤するといいだしたのはそれから半年もたったころだと思う。「電話局の営業にでもいってくるよ」といって、中電を去っていったが、職転訓練のため、学園訓練の最中に、突然行方不明の連絡が入ってきた。

訓練も終りに近づいたある日、学園から帰っていったが、そのまま、自宅にもどらず、三日たって、家族からの連絡があったとのことで、中電の仲間たちは、手わけをして、六甲山中まで含めて、約一週間、探しに、探しまわったが、とうとうわからず仕舞であった。

Oさんの変りはてた姿をみつけたのは、翌年のお盆の前に、兵庫県の国鉄沿いの墓地を清掃に来た地元の人たちで、すでに白骨化した死体をみつけ、その中の定期券から身許が判明したのである。

遺書も何も残していなかった。何がOさんを死に追いやったのか、それは推測するしか手だてはない。あれほど真面目で、職場の世話役を果し、発言には筋を通したOさん。雨の中をスクラムを組み、「岸を倒せ、安保反対」と叫び続けたOさんは、党を去ることと、それを認めながらも、自己の価値観が崩壊した時、生命までも断ったとしか思えないのだ。

二三年前の写真、それは一つの歴史を示してくれる。

一・一六の夕方、代々木公園に、あとも引ききらず集ってくる人々を見て、国民会議の宣伝カーの窓をたたきながら、「これだけの労働者を、なぜ羽田へ行かせなかったのか」と抗議したI君、I君はいま公社の技術マンとして、新技術の導入と試験に懸命になっている。

S君は、いまは社会党員で、全電通の専従役員の道を歩いた。

F君は、転勤し中電を去った。暫くして、労務の係長をしているとの噂があり、また暫くして副課長になったとの話である。

五つの若き日の顔は、いまは同席に再現することは、もう不可能である。

＊＊＊＊その四＊＊＊＊

□お洒落青年の変身

ＴＫ君は昭和七年生れである。逓信講習所の最後の入学生であり、京都生れの京育ちのＴＫ君は昭和二四年に大阪中央電報局に配属された。

私よりも一期上級生ということになるのだが、京都の陶器師の家に生れながら、父親を結核で失い、母と弟との三人家族で、京都の元熊野より通勤していた。

彼が目立ったのは、リーゼントスタイルの髪、いつも筋の入ったズボンにラバーシューズといった服装で、やや内股気味に歩くその姿は、貸与の作業服のまま、高下駄で通勤する同世代の連中とは、きわだった対称をみせていた。

キザな人もいるものだと私は思っていたが、二八年に五階の職場に変ってみると、その職場に彼はいた。

案に相違して、一見キザな彼は、人当りも悪くなく、職場の若者の中心人物であった。

私は夜勤（午後四時から午後一〇時）の専門勤務であったが、ＴＫ君は四輪番の宿直勤務をやっていた。ある時、同じ泊り勤務のＮさんが、仕事の合い間に私や、ＴＫに、こんな話をしてくれた。

「おい、あの円い柱をみてみろよ、上の方に四角い茶色ぽいしみがあるだろう。あれはね、レッドパージの時に、うちの、職場の解雇者の名前をけい示した貼り紙のあとなんだ。」

「首を切られた六人が、この柱の横に、タイプライターやイスをバリケードとして積んでその中にたてこもったのよ。そのため、局側はこの柱に解雇通知をけい示したわけさ。その時に、電報を貼るニカワの茶色いノリを使ってはったために、それ以後、いくら壁を塗りかえても、その時のニカワの茶色が四角のままににじんででてくるのさ。おれたちの仲間が追放された記念碑みたいなものなんだ。」

その時、TK君は、Nさんにたずねた。

「Nさん、その時、あんたはどうしていたの。」

「一緒に釜の飯をくった仲間たちだ。おれだってあいつらを何とか助けたかったさ、しかし何かをいえば、おれも首をきられるんだ。結局おれや、おれ以外の皆も、腹はにえくりかえっていたが、黙っているしかなかったんだ。おれはそれほど組合運動をやっていたわけではないが、首切られた連中と一緒に行動していた奴の中には、首切りの噂が出だしたら、手のひらを返すように、しらんふりをした奴も多かったし、今では管理者になっている奴もいるさ。おれ自身、何もできなかったことも含めて、あの口惜しさは、一生忘れんやろな。」

TKが運動にかかわりだしたのは、その時からである。Nさんの自嘲気味で、なおかつ、口惜しさを忘れられぬその態度の中に、労働者としての、良さも悪さも含めて、何かを感じたのであろう。

間もなくTKは、職場の青年委員に立候補し、青年委員になるや、TKを中心とした若者を、学習会に組織し『賃労働と資本』や、『国家と革命』をテキストに、自分たちでわからないままに討論が始まっていた。

ＴＫが、勤労協の労働学校に通いだしたのもそのころである。同時に、彼のかつてのお洒落の姿が消えていってしまい、会議の中でも、管理者との間でも、自分の意見を負けずにのべるようになっていった。

□政治の流れと恋愛へ

誰にオルグをされたのか、ＴＫは民青同に入っていた。そこでも職場でと同じく積極的に動いていたのであろう。とうとう京都からの通勤をやめて、阪急沿線の独身寮に入り、運動に専念するようになっていた。

そのころ、同じ職場にＫという女の子が入ってきた。母一人、子一人の彼女は、ちょっと可愛らしく甘たれ的側面もあり、何かとＴＫに相談をしたり、話相手となっているのは周囲も知っていたが、当然の成り行きとして恋愛に入り、二人で将来設計のために、同一の貯金通帳をつくり、毎月僅かづつを貯えていたのは、長い間、誰も気づかなかった。

ＴＫはそのうちに共産党に入党した。党内での学習でも積極的で、組合の支部委員になり、地域活動にも入り、民青の北大阪地区委員長にもなっていた。

彼女の方は、中電の演劇サークルに入り、彼女自身も婦人活動に加わるようになっていたが、どうもそれは、ＴＫについていくための努力をしていたものらしかった。しかしＴＫの積極的活動にはついてゆけず、二人の間に、かなり自分たちの将来についての論議が交されるようになっていた。

その時、六〇年安保闘争が始まっていた。中電の東京上京派遣団の党員たちが、府委員会や、地区委員会からの査問対象になった時、上部と最も論争し、やりあったのはＴＫであった。

ＴＫの主張は、党が前衛の集まりというのならば、仮に学生たちの行動が誤りだというのであれば、闘いの前面に立った上で、学生たちの行動の批判をすれば良い。何も闘わずに批判するのは、党の作風として誤りであるというものであった。

御堂筋一杯の反安保デモに、右翼がなぐりこんできた時、逃げようとするデモ隊を、集結させて、逆に右翼を取囲み、反撃行動に移ったのも、彼の指揮の成果であった。

党中央と対立して、中電細胞解散、集団離党となった時、ＴＫも卒先して脱党に踏みきっていた。しかし、Ｏさんの失踪・自殺があって以後、彼も一杯呑みに寄る回数が増してゆき、職場の中で、突然、彼女といいあいをしだしたのもそのころである。

呑み代のため、二人での貯金をおろせということが原因であった。

二人の仲は急速に冷却の道をとり、一言も話をしなくなり、ＴＫの衣類の汚れが、目立つようになった。突っかけ草履で出勤してくるようになり、かつてのお洒落姿の青年のイメージは全くなくなっていた。

□一通の手紙

突然、彼が出勤してこなくなった。寮にも帰っておらず、京都の実家にも帰ってなく、仲間が失踪かと大騒ぎになった時、辞職届とロッカーの鍵が同封されて局に送られてきた。

私たち仲間で、彼のロッカーを整理した。いくつかの質札にまじって、私あての手紙と日記帳が入っていた。

その中に、活動家としての存在は終った。酒を呑んでも酔えない自分を、自分なりにみつめた。中電の仲間の中で居ると甘えてしまって、次第に自堕落になる自分がいやになりながら、つい酒に走る自分を制止することができない。もう一つは、自分の生涯をかけようとした党との決別も、自分が持っていた価値感が全く崩れ、自分なりに努力をしても不可能であったと、書かれていた。

しかし、彼が残した日記の方は、将来を誓った彼女との別離に至る経過が、感情まるだしで書かれてあり、幾晩も彼女の家の周りを彷徨したことが記されてあり、あきらめきれない思いがありありとうかがえた。

全てが重なったのであろう。私たちは彼を探し出すのをあきらめることにした。

それから四年ほどたって、ベトナム反戦デモが盛んになりだしたころ、梅田新道の交差点でニッカズボンに地下足袋姿の弁当箱をかかえたＴＫの姿があった。

「おい、どうしているんや」と声をかけた仲間たちに、トビ職をやっているという答えが返ってきた。

「中電にも顔を出せよ」との私の声に、

「いや、中電での生活とは縁を切ったんや、結婚もしたしな、じゃぁなあ」

ＴＫは、そういって人ごみの中に入っていった。

仙人部落の記

前田裕晤

【執筆の背景】

住谷申一先生は群馬県生まれで前橋中学出身。同志社予科から大学に進み、長谷部文雄、林要、河野密先生に師事した。その後、マルクス主義者となり、大学では左翼運動で無期停学を受けるなどしている。卒業後、東京で新聞記者になり、不敬事件を起こし、満州に飛ばされる。満州日報整理部長だった昭和二〇年五月、関東軍に召集され、敗戦後シベリアに抑留、昭和二三年一〇月に帰国する。同日召集兵の高橋健（三井物産社員）は身重の夫人を残していたが、抑留中に死亡、その遺髪を帰国後婦人に届ける。その娘が松島トモ子（歌手）で、後日、松島親子はシベリヤを訪れる旅をする。

住谷先生は帰国後、京都の引揚者住宅に入り、日雇い労働（ニコヨン）で生活を支えていたが、御所での清掃作業を竹中勝男教授に見つかり、文学部講師として引き出される。その後、社会学科新聞学専攻の教授に。

一九五七年、前田は卒業に当たり、和田洋一教授と住谷先生から「夜に仕事を持っていれば生活は大丈夫か」と確認の上、大学院に残るよう勧められた。他の連中は就職で精一杯だったことにもよるのだが、その頃から、松ヶ崎の住谷宅に頻繁に泊まるようになった。その後、立命の日本史院に転籍するが、住谷研究室のデスクはそのままで過ごした。六〇年安保闘争と六一年の中電細胞離党事件で、研究者の道から労働運動に専心する決意に至るまで、京都・松ヶ崎の「仙人部落」の居住者の生活が続いたのである。（二〇一四年二月）

仙人部落の記

いつ頃からそう呼ばれていたのか記憶はない。当時、まだ大学院に籍をおいていた私は、夜になれば住谷家を訪れていた。というときこえがいいが、実は居候生活に他ならなかった。応接間のソファーベットを私物化して、住谷家の住人として毎日を送っていたのだ。松ヶ崎（住谷家の町名）には、毎日何人かの訪問者があった。その大半は、学生や、社会に出ている教え子（私の友人や先輩）たちである。先生と私の会話は、革命の話から、世事一般にわたるものがあったが、二人の討論の仕方が、この松ヶ崎を中心に世界を運行しているような調子であったのだろう。しかもその結論たるや、常に大きく発展し、夢物語か現実のことか、どうも混同されて、そのくせ実現するのは何もなかったためか、友達から、「雲と霞を食って生きる、松ヶ崎の仙人部落」という名を頂いたのである。しかし、仙人部落の効用は大きかったようである。勤め先の不平不満や、失恋の痛手を受けた連中が、松ヶ崎に来て、話をしているうちにストレス解消をして、元気で帰っていく。友人たちは、それを「心の洗濯」に来ると称していた。

『君、ロマンチストでなけりゃ、革命家にはなれんよ』これは先生のいつもの言葉、このあとからロシア革命から、日本の左翼運動の評価、戦術に至る論議がえんえんと続く。次は映画に入っていって、『デ・シーカのイタリアンリアリズムも眉唾ものだね。苦い米のロロブリジータが、水田に入って稲を刈るシーンの時、彼女のスリップは新品だったよ。沼田に入るのに新しいのを着て入る農民はいないよね』『君、いま金もうけするなら、チャームスクールを経営するといいね、絶対に当たるよ。男女同権になればなる程、女性は自分のことを考えるようになるからね。こりゃいけるよ。どうだい、どこかに適当なとこないかなあ』と、こうなってくる。勿論、できる筈はないのだがつられて私も真剣に、そんな場所どこかにあるかなあと、考えてしまう。

酒に酔うと、公衆便所の小便用の朝顔の上からチョロチョロ出る水で、顔を洗おうとする先生だったけど、奥さんを愛されていたのはとても人に真似のできるものではなかった。

東京で新聞記者生活を送っていた頃、仙台で病床にあった奥さんに逢うために、毎土曜の夜行で仙台に向かい、日曜の夜行で帰京する生活を、一度もかかしたことなく、六ヶ月以上続いたとのことである。『そうなのよ、あの人の根気のいいのには、おどろいちゃうんだから』と、奥さんはいっていた。

先生の女性観というよりは人生観に、その行動通りのロマンティックな一家言を持っていた。『その人間の全思想は、結婚観にすべたがあらわれる』。T君は婚約の報告をしにいった時、先生にその言葉をもらったとのこと、T君はその時実感として、『なるほど、おれは結婚するのだなと』とつくづく思ったとのことである。先生の言葉は、訪れる人の精神状態を、まるでみすかしている形で語られる。とてもウソをつきおおせることは、あの鋭い眼が光りだすと誰もできない。誰もが、いわずもがなのことをしゃべってしまうのである。

学生運動をやり、新聞記者、シベリヤ抑留生活、ニコヨン、大学教授と、先生の波乱の多い人生は、松ヶ崎の仙人で終わった。

今、先生のことを思いだすとき、涙を浮かべながら語ったシベリヤ生活の断片を書かずにはいられない。炊事当番だった先生が味噌汁をバケツに入れて運んでいた時、腹ぺこの捕虜の日本兵が突進して来て、バケツに顔を突っ込み、更にポケットに汁を入れていった。

『君、ズボンのポケットにだよ。汁は塩味の、中味は何にも入っていないんだ。ポケットに入れりゃ、ぜんぶこぼれちゃうんだ。そのズボンを、あとで吸うんだよ。捕虜生活って、そんなもんなんだ』

先生の描く水彩画は、全てシベリヤの光景であり、いつか私たちもシベリヤで抑留生活を送ったような錯覚を持ってしまった。少し、うつむき加減にみる先生の顔、それはもう仙人部落から消えてしまった。(「住谷申一先生を偲ぶ会」一九六四年)

私が出会った恩師と知友たち
――あとがきにかえて――

本書を上梓するに至ったのは、『労働情報』発刊時より編集を担当していた江藤正修君から「党から新左翼労働運動を経て、労研センター、全労協に至った経緯を知る人はもういない。是非とも残すべきではないか」と言われ、執筆と聴き語りを重複させてできたのが本書です。それに全面協力頂いたのが、同時代社の川上徹さんです。お二人の叱咤激励がなければ出来上がりませんでした。八〇歳を迎えて、自身の来し方を見つめ直す機会を与えられたことに、本当に感謝しています。まず、江藤・川上の両氏にお礼を申し上げます。

□私の進路を決めた二人の恩師

私の人生を語る場合、大阪中電（大阪中央電報局）を抜きにしては成り立ちません。高校二年四月に停学処分を受けたとき、私の進路を決めたのは中学時代の恩師・木村幹次郎先生でした。逓信講習所、のちに電気通信学園と名称変更されますが、そこは全寮制・三食付き、若干の小遣い程度の支給金ありのモールス通信習得の養成学園で、私の条件からいうとピッタリの所でした。京都の太秦・広隆寺の北側にありました。

一六歳で興味津々の少年が、初めて京都でメーデーを見る機会を得たのです。デモの先頭に、大山郁夫（労農党）・高山義三（京都市長）・蜷川虎三（京都府知事）・朝田善之助（解放同盟）が組んでいる姿を見て、メーデーとは労働者だけではないのを知ったのです。

大阪中電に入ることによって夜勤専門で働けるようになり、昼間の高校、大学、さらに大学院に通えたのも、考えてみれば停学処分に対する木村先生の進路の勧めがあったからです。さらに、一年後に大阪に転校する際のトラブル、府教育委員会への抗議の時、山田貞夫先生に会えたのが同志社への道となったのです。大学では住谷申一・和田洋一教授、大学院では前田一良・奈良本辰也教授に公私にわたって世話になり、良き師に恵まれました。ふり返ってみると、人と人との出会いの絶妙と恩恵を受けたものと感じ入っています。

□民主化をめぐって――中電の職場群像

私たちは大阪中電にレッドパージの補充要員として集団で入局したのですが、職場は官側の横暴極まりない状況で、新米に対してアゴで使う状況でした。

昭和一桁世代の私たちは、敗戦で教育のみならず社会の価値観まで一八〇度転換したのを、肌身で感じた世代です。それまでの軍国少年が、民主主義一本に変わりウロウロする大人たちを見て、自身が納得しないものは信じない行動様式を身につけているわけですから、理不尽な管理者の言うことなど素直には聞かない。「生意気な新米」のレッテルを貼られ、全員が屋上に呼び出されてビンタをくうこともありました。多分、私が一番生意気で口答えをしていたと思いますが、同期の絆は強かったと思っています。

そこに三期生が入ってくる。この中に学園でも仲のよかった小山鉄夫や松葉誠一郎がいたのです。たちまちグループ化し、サークル活動や全寮協議会での運動が始まると、先輩の中には応援してくれる人たちも現れ、輪が広がったと思います。共産党の国際派や所感派などの対立関係とも無関係に素直で自由な運動ができた。それが党の目にとまることになり、党細胞が出来上がるのですから、旧来の党風とは異なる集団でした。だから自由にものも言えたし、ペンネームも分かりにくいからとして、俳優の名をつけました。有馬・高峰・八千草・淡路ｅｔｃ．で、地区委員会から「ふざけている」と怒鳴られたこともあったようです。月二回の細胞会議は出席する度に、新しい党員候補がいる光景もありました。

□仕事への誇りと恋と……

東海大水害で名古屋が水浸しになり、死者も多く、なのに名古屋中電は回線断絶で、見舞電報は大阪中電に入ってくる。電報の束を箱詰めにして、ジープで名古屋に運ぶ人。また、暑い夜でしたが、日頃サボリを得意とした先輩が、上半身裸のねじり鉢巻で電鍵を叩く姿を見たとき、社会に対する電信労働者のいざという時の姿を見た思いがしました。

一方で、仲間の中には彼女に振られ、遺書を残して飛び出した奴もいて、全党員に召集がかかり、大阪駅・なんば駅・天王寺駅・近鉄上六にと分担して捜索を始めたのですが、見つからない。最後に天保山の関西汽船を思い出し、柴田義雄と二人で飛んだら、高松行きの二等船室にいるのを発見。船員に相談すると、「大阪から神戸の間で飛び込み自殺はしない。神戸から淡路島を過ぎるところでやるから、神戸で下ろせ」と教えてくれたので、仲間には神戸港で待機を要請、泣きじゃくる男を神戸港で引きずりおろしたこともありました。今はピンピンしているそうです。

□大学時代の恩師と学友たち

大学に入って驚かされたのは、各学部の掲示板に、学部細胞のアジビラが公然と掲示されていたことです。法学部は「赤い六法」、経済学部は「めし」、文学部は「夜明け」のタイトルで貼られている。講義が始まる前に、学生党員が入ってきて、講師に「先生、五分下さい」と言って演説が始まる。中電での非合法な党活動と学内の党活動の公然さの違いに驚かされ、惹かれていきました。

同期の井上英男は早稲田事件で放校され、同志社に入り直してきた男で、来た時から党員でした。尊敬の目で見たものです。新聞学専攻の仲間と機関紙を作ることになったとき、「とろっこ」の名にしようと言ったのは市川照道。理由は汽車（記者）の前はトロッコだからと笑い、その彼は読売に入ります。講義の席も女子学生の傍に行く、デモに行っても女子学生に手を振る、そんな小池聡行は音楽チャート誌の「オリコン」の創業者。卒論に音符を入れて出したのも小池で、住谷先生も「うんー」と唸っていました。みんな住谷ゼミです。

大学院での前田一良先生の近世政治史のゼミは私一人で、二年間、二人だけで顔を合わせての講義でした。立命の院に転籍し、本来、新聞史をやるはずが、横井小楠にとり憑かれ、夢中になっていた時、奈良本先生から「自分の感情を流入させるのは学者ではない、作家のやる仕事だ」と怒られました。

□六〇年安保と中電組合員の憤激

六〇年安保闘争では京都と大阪で、連日の行動に追われる日々が続きました。

中電の休憩室で、明日からの動員要請をする時、「私たちプロレタリアは労働力を提供するしか金を取る道はない。これこそ財産が何もない労働者の実態だ」と語ったとき、五十代の係長が「前田はそう言うが、社宅には洗濯機と冷蔵庫がある。今度テレビを月賦で買うつもりだが、これは財産と違うのか」と問われ、答えに詰まったことがあります。その係長が「次の安保反対デモはいつや」と聞いてきました。日頃、組合動員にも来ない係長だったので「どうしたの」と尋ねたら「孫ができて、お祖父ちゃん、安保闘争ではどうしたの、と聞かれたらデモに行ったよと言いたいやろ」と言われ、感動したことがあります。

一・一六岸渡米阻止闘争では、国民会議が仕立てた大阪からの夜行列車に府学連の学生も乗り込み、「飛行機に飛びついても行かせるな」の励ましの声を受けて上京したのです。雨の中、羽田空港には入れず、ずぶ濡れの学生と合流したその日の午後、日比谷公園では入りきれない部隊がいたことを報告したら「なんで国民会議は全学連を見殺しにしたのか」と職場のみんなから詰め寄られました。職場だけではなく、世間の目は大半が全学連贔屓だったのでしょう。

それ以降私たちは除名されることになるのですが、本名で三名の除名がアカハタに載ったとき「党員だったのを公然化して当局に売る気か」との声が職場で上がり、私たちを庇ってくれたのです。

□党からの除名とブントの活動

もう一つ驚いたのは、私が除名を言われたのは午前一一時半頃だったのですが、その日の午後二時頃、和歌山の橋本警察署長が、市会議員をやっていた伯父に「お宅の甥御さん、共産党から出たようですよ」と教えてくれたそうです。喜んだ伯父は「一族からアカがいなくなった」と母に言って父の仏壇に線香をあげたとのことでした。携帯もない当時、わずか三時間未満で警察情報が流れた速さに驚いたのです。スパイがいたのかと思わせる程でした。

これ以後は、ブントとしての政治活動や電通労研の活動を公然とやることになります。この頃ですが大阪の市営住宅の郵便受けが連日荒らされ、開封された郵便物がまとめて隣の棟の屋上に放置されることが続きました。郵便局に調査を依頼したところ「私どもの手に負えない事態です、私書箱を利用してもらえませんか」との回答。やむを得ず大阪中郵に私書箱を持つことにしました。一方で、学生運動の方にもブントからオルグで派遣されることが多くなりました。

青医連の岡山大での大会や、和歌山大、近大、奈良女子大と京都以外にもオルグに行かされるケースが増えてレポ要員が必要となり、家の商売上、自宅に電話のある女子大生が担当してくれることになりました。

□結婚と恩師の死

大学院では、修士論文の提出を認めてくれなかった奈良本先生から「もう、いいだろう」と許可が出たのが六一年末のことです。活動との両立で能率が上がらず、一年後の六二年末に提出しました。提出したものの、私の進路は研究者ではなく、労働運動と運動に専心することを決めていたのです。

住谷先生は薄々感づいていたようで、「一旦決めたら後戻りは出来ないぞ、それを覚悟の上なら自分の道を歩め。世話になった和田・前田・奈良本先生方に報告はしておけよ」と言われ、和田先生からは怒られましたが了承され、他の先生もからも「頑張れよ」の言葉を頂きました。中電の執行委員に立候補して当選し、労働運動に身を置くことになりました。

私は結婚します。相手はレポを担ってくれていた飯田浩子です。住谷先生夫妻の仲人で、他の三先生も出席して頂いたのですが、席上、私の発言の後、前田一良先生が立ち上がり「弱い犬ほどよく吠える」の一言、式場は爆笑の渦となり、あの一言は身に沁みました。

翌年、住谷先生は香港にゼミ旅行をしました。当時、外国に往くことが珍しく、神戸からの乗船時にはマスコミが取材にくる程でしたが、香港で体調を崩して帰国、そのまま病院に運ばれ、まもなく逝去されました。その時、全電通の全国大会で松山にいた私は、急遽京都に戻り、葬式を終えたものの、集まった教え子は茫然としたまま。命日に近い七月の日曜日に相国寺への墓参を確認したのですが、これが「住谷会」の始まりで、以後今日まで五〇年を迎えても絶えることなく続いているのです。

□恩恵を受けた高野・市川人脈の広がり

高野実さんとの関係は、新聞史以外に戦後労働運動史もテーマにしていた大学院時代、総評成立時と平和四原則についての質問を自宅宛に送ったのが発端です。中国から帰国した高野さんと初めてお会いしてから、大阪に来るときには堀江壮一さんと同伴で、私が上京した場合には小雀町の自宅で、体調を崩されたときは向ヶ丘の病院で、労働運動や運動の進め方について話を伺いました。市川誠さんが総評議長になった時の喜びようは大きく、上京したときはわざわざ駿河台下の喫茶店を指定され、市川さんを紹介してくれたのです。

高野・市川さんの人脈は、大阪集会での反戦派労働者との結合や地域運動との交流として、労研センターから全労協へと進んだと思います。

□対立の範疇を超えた片甚との関係

片山甚市さんとの関係は、最初から対立関係にあり、委員会や大会では双方で口に泡を飛ばしてのやり取りばかりを続けていましたが、本気で喧嘩・論争が出来る相手と認めあっていたような気もします。学生運動上がりの芹生・福富・藤野・大塚とのかかわり方に至っては、私との関係は知った上で、彼らの能力を最大限引きずり出そうとする。片甚でないとできない芸当だと思います。さらに、マッセンスト問題で騒然としているとは言え、全電通という全国組織で唯一大阪中電支部だけに付帯条件が付いたにしろストを認めたのは、異例中の異例事です。

なぜ出来たのか。佐渡君の裁判で証人として法廷に立った片甚の「本来、被告席に座るべきは私であります。全電通はストを打つと決定しながら出来ず、実践したのが被告ら四人です。違反したのは私たちなのです」と発言した時、傍聴席ではウオーと驚きの声が上がった。裁判所職員が手を振って静かにのゼスチャーをした時、裁判長は

「法廷は静粛を旨としますが、自然に出る声は止めません」

と言ったのです。中央本部副委員長片甚が、大阪中電だけのストを認めた動きに、彼なりの見解と立場上役割を果たしたことは間違いがないでしょう。

参議院議員を二期務めた片甚は、公共事業の民営化に反対して全電通の政治局員を外され、さらに次期は推薦しないとして放り出されるのです。中電の大会に出席した片甚は、民営化批判をぶち上げ、国民の財産を民営化することの愚かさ語り、最後には泣きながら「中電だけは頑張ってくれ、俺は一人でも頑張る」と語った時、私と視線が合いました。私は自然と頷いていました。

今だから言えるのかも知れませんが、左翼は予め〝敵〟を確定して、運動を進めて来過ぎたので

はないか、労働者を基盤とする限り、もっと真摯な討論の場があっても良いのではなかったかと考えるのですが。

□時代の転機は？

昨年末に一通の文書が送られて来ました。長船労組の解散の挨拶状でした。思わず西村・草野・久保田君等の顔が浮かんできました。「今般、在籍の現役組合員が皆無となったため」として一二月四日の臨時大会で解散を決議したとのことです。

六〇年代運動を社研・労研として領導し、政治グループも含めて様々な政治課題の論議にも西村氏の果たした役割は大きかった。「赤色・少数派組合」と長船労組や電通合同労組に好意的な識者からも問題視された時、既成労組の現状下での問題点として論点をまとめるのにサゼスションを貫ったことは忘れていません。

私ども大阪電通合同労組も昨年、結成二七周年の記念大会を開きました。実は、発足当初からの中電組合員は全員定年になったことを気遣った意味もあったのです。長船労組の吉川委員長が解散を決意した時、西村氏たちはどんな思いで同意したのかを考えると感無量です。「一つの時代は終わったのか」との想いが横切りました。ゼネラルユニオン論も現状の労働実態からすると早急な検討課題になったと判断せざるを得ません。

質が違いますが、これ程の寂寥感は電通労組の加藤滋君の突然死以来のことです。

□山川、今野、前田（知）たちとの一期一会

昨年の参院選と都知事選、安倍の復古主義、維新の会の存在を見るにつけ、今、ここに山川暁夫・今野求・前田知克弁護士の三人が生きていたなら何を語るだろうかと考えます。山川さんは政治判断や困ったとき、一番、頼りになる人だったし、その役割を果たしてくれました。今野は早すぎた死だ。共に悩み、語りコーディネート出来るのは今野しかいない。前田知克弁護士はこと、国政選挙に関しては大局観を持ち、戦線構築については全力を上げてくれる人だった。

今回、新開純也・福富健・芹生琢也の三君には座談会も含めてフォローして貰い、藤野興一君は文中文章を作成してくれた。四君には本当に感謝しています。

私は良き恩師と知友を得たと思っています。〝一期一会〟の大切さ、それが自らの運動を進める時にどれほど役に立ったかと、つくづく思います。八〇を迎える年にあたり、自分の歩んだ道は完全ではないにしろ、後悔はしていません。

あとがきの最後に、良くもまあ好きに運動をさせてくれた「連れ合い」さんには、照れくさくて口では言えませんが、本当に感謝しています。

以上

前田裕唔略歴

1934・5・4	東京にて、父馨・母明子の5人兄妹の長男として生まれる。
1941・4	品川・第四日野国民学校入学・のち目黒・鷹番国民学校に転校
1944・7	学童疎開により、父母の郷里、和歌山・九度山校に転じる。
1945・8	敗戦を九度山で迎える。さらに山奥の境原校に転じる。
1946・3	境原校5年終了。中学受験資格試験に合格。
1946・4	和歌山県立伊都中学校（旧制）入学
1947・4	学制改革
1948・4	女学校と合併、紀見中学校に転じる。父病死43歳、翌年卒業。
1949・4	和歌山県立橋本高等学校入学。アルバイトに精を出す。
1950・4	2年になると1週間で休学。中学の恩師・木村幹次郎先生のアドバイスで、淀逓信講習所を受験、京都電気通信学園（旧逓信講習所）普通電信科入学する。
1950・10	レッドパージの後補充として急遽、繰上げ卒業し、2省分割後の電気通信省・大阪中央電報局に配属さる。トン・ツーのモールス通信の全盛期・豊中市・刀根山寮に入る。寮生活で、マルクス主義の洗礼を受ける事になる。
1951・4	勤務は夜勤（16-22）が可能になったため、復学する事とし、同志社香里高校2年に編入学。この年より、昼は学生・夜は労働者として活動を始めると共に、共産党･高校生組織に加入、政治運動にも参加することに。吹田事件・枚方事件に端役として参加。中電支部・支部委員になる。
1952・	樽井（のち改姓して藤川）・松葉・前田ら共謀して中電全寮協議会を結成、岡町寮・放出寮・淀寮・大任寮・三国寮らが中心となり、民同執行部に対抗する活動拠点となる。
1953・4	同志社大学文学部社会学科入学。この年・荒神橋事件おきる。大阪中電にて文学サークル・大阪電通文学会（のちの「堂島川」）を結成､創作活動にも入る。のち､日共細胞の母体となる。共産党に入党。
1954・	中電より大学に通学していた前田（同志社）､青木（立命）､石橋･福富（市大）、西村（関大）等を中心に、大阪電通労働運動研究会を結成（第一次労研）、全電通を二分した千代田丸事件で、

首切り反対で論陣を徹底的に張る。

・8　大阪証券取引所の争議支援に参加。

・10　李徳全・中国紅十字会代表来日、特別防衛隊として京都・大阪滞在中、全行程の警護として随行する。

1955・5　同志社で学生運動にも参加、新聞研究会を再建、活動家組織として同志社木曜会を結成、また社会学科委員長になる。新聞学を専攻し、和田洋一・住谷申一先生の教えを受け、とくに左京区松が崎の住谷先生宅に居候し、通学・通勤をするようになる。

・7　総評大会にむけ、中電支部大会で高野支持を決議するも、太田・岩井ライン成立する。

1955・　日共六全協、方針転換。

・8　広島8・6第一回原水爆禁止大会に同志社学生代表団として参加。

1957・3　同志社大学卒業。以後大学院にて岡本清一先生・前田一良先生につく。大阪にて民主主義科学者協会（民科）歴史部会に参加。

1958・6　日教組勤評反対闘争に参加、

・11　警職法反対闘争で大阪中電スト拠点に指定さるも、山岸執行部、指令返上を決定。第2通信部・託送部の支部委員を中心に支部委員会で、山岸提案を否決、ただちに喫茶マズラに集まり臨時闘争第二執行部をつくり、スト体制作りに入る。夜中スト中止指令入る（残念）。この頃より中電細胞内で、対立が始まる。

1959・4　前田一良先生、立命館大学に移る。先生の勧めもあり、立命館大学大学院日本史研科に転入学。奈良本辰也先生のゼミに入る。

・11　日共内部対立激化、中電でも査問に掛けられ、分派活動として、大学の後輩と共にブントに加入する。安保反対闘争しだいに激しくなる。

1960・1　岸渡米阻止闘争・全学連羽田闘争・大阪労働者代表団上京するも分裂し、前田ら大阪中電代表団・羽田に参加する。学生自治会の旗の中に唯一つ“大阪中電青年行動隊”の旗が翻った。6・15事件のあと大学院細胞に大崎（前田のペンネーム）

査問の通知あるも、該当者なしとして大学院細胞LCの、学友・師岡・松浦・前島・田辺ら通知返上。

1961・1　大正炭鉱行動隊・三池炭鉱社研・長崎造船社研の呼び掛けで共産党内労働者左翼反対派、全国より集まる。東京港地区委員会や大阪中電より前田・青木が参加する。

・4　日共・反対派狩り始まる。まず前田が除名、続いて青木・伊藤も除名され、5月初め、「アカハタ」紙上で公表され、これが大阪中電集団離党事件に進展する。

・6　労働運動に限定した責任ある組織として"電通労研"を結成。

1962・4　関西労働者協会の設立。大阪労働者学園を発足させる。

・7　全電通大阪中電支部執行委員に当選、教宣部長になる。

1963・3　大学院修士過程終了、修士論文"日本新聞発達史の一考察"。末川博総長退任。

・5　住谷教授夫妻の媒酌にて、飯田浩子と結婚。

1964・7　住谷教授。腸癌にて死亡、大ショックを受ける。

1965・4　春闘で国労支援、大阪環状線・玉造駅で大阪中電動員部隊と機動隊が衝突、怪我人・逮捕者出る。のち前田・動員部隊指揮責任を問われ浪速署に逮捕・留置さるも、後日、不起訴・釈放となる。

1965・　ベトナム反戦運動の推進として電信反戦青年委員会をつくる。北大阪反戦青年委員会・関西地区反戦と発展する。

・11　全電通マンモス訴訟・パルチザン闘争始まる。

1967・8　AA連帯会議の堀江氏の紹介で高野実元総評事務局長と会う。以後、高野氏の指導を受ける。左派統一戦線の必要を説得さる。

1968・1　佐世保・エンプラ闘争に参加。労働者もヘルメットを初めて着用。

1969・1　長崎社研・電通労研の呼び掛けで"全国左翼労働者会議"を、宝塚の"毛澤東思想学院"で開催。70年安保闘争をいかに闘うかを討議する。六派共闘の基盤となる。

・8　マッセンストの位置づけをめぐって、労研が分裂。

・9　ブントの内部抗争もあり離脱、大衆運動主義者のレッテル貼られる。

・10　中電マッセンスト

1971・　中電支部・組織改編で大阪中央支部となる、これを期に支部

より中電分会・副分会長となる。東京で全国労働運動活動者会議（全労活）の結成に参加。

1972・12　全労活第一次訪中団として杉本昭典・西村卓司・松本礼二・根岸敏文・山口義行・小野木祥之・富田善朗らと香港経由で中国に入る。元旦を韶山の毛沢東記念館で迎える。

1974・　参議院全国区に革新無党派として三里塚空港反対同盟の戸村一作氏を立てて選挙運動を展開する。

1975・　『季刊労働運動』を関西の地・尼崎より編集委員会を作って発行。

1977・1　大阪にて反戦派労働者・地域活動家・旧高野派が合同して全国から結集し“日本資本主義と対決する全国労働者討論集会”ひらかる。

・2　前総評副議長・松尾喬氏を代表として、『労働情報』発行され編集委員となる。その後、82年に前総評議長の市川誠氏が代表に就任。以後、市川氏の指導を受ける。

1980・12　近畿電気通信局、12億余りの不正経理発覚、全電通との癒着も云々され職場の憤激強まる。中電玄関前に抗議の座り込み始まる。組合の不正追及、進展せず、前田・木村の連名で不正管理者を氏名不詳で司法当局に告発する。

1981・9　太田薫・市川誠・岩井章、総評三顧問声明。

・11　京都にて地県評代表者会議開催、京都労研代表として林大鵬さんの最後の姿を見る。

1982・　全国労組連絡会議の結成に参加。

・12　長野県諏訪市で「労研センター・結成準備会」開かれ参加。

1983・3　太田薫・岩井章・市川誠・三人の呼び掛けで“労研センター”生れ、市川事務所より全国幹事として加わる。

1985・4　電電公社、民営化により日本電信電話株式会社（NTT）となる。

・5　中国総工会の招待により日中労働者交流協会訪中団として、市川誠氏を団長に樋口篤三・平坂春男・足立実・横山好夫・西村卓司・町田有三氏らと北京メーデー記念式典に参加、その後、延安・西安を経て南京に至り、江東門で虐殺現場をみて、記念館に鎮魂の時計を不戦の誓いとして後日贈ることになる。

・12　全電通の路線に反対し大阪中電分会大会の席上訣別を宣言し、大阪の活動家有志と“大阪電通合同労組”を結成。委員長に就

任。東北・電通労組、徳島電通合同労組と共に“電通労組全国協議会”を結成、代表となる。

1986・　『労働情報』・樋口篤三氏の後を受け2代目編集人となる。

1988・　“明日の労働運動を担う全国労働組合連絡会議”略称“十月会議”渡辺勉代表・の結成に参加。

1989・12　連合・全労連に対抗して“全国労働組合連絡協議会”（全労協）結成さる。全国常任幹事になる。『労働情報』編集人を辞任。大腸憩室炎となり入院手術を受ける

1990・2　渡辺氏の後を受け十月会議の代表となる。

・5　靭公園にて電通合同と有志組合で靭メーデー。大阪ユニオンネットワーク結成。全港湾大阪支部、関西生コン、大阪全労協，他地域組合らが参加

・8　中華全国総工会の招待により、市川誠氏を団長に、平坂春男・前川武志・武建一・坪井俊長・前田の6名で、北京―蘭州―敦煌―南京―上海を快遊し、旧い中国の知己との再会も果たしてきた。

1991・2　大阪中央電報局、名称を大阪電報サービスセンタに改称
大阪全労協結成、前田初代議長に就任。

・5　中之島メーデー始まる、前田裕晤大阪全労協議長、馬場徳雄全港湾大阪支部委員長，武建一全日建連帯関西生コン支部委員長、波来和明国労近畿地本副委員長の四者呼びかけで実行委員会を作り呼びかける。以後この方式が定着する。

1992・4　関西電報サービスセンタに再度改称。

・4　勤続42年をきに永年退職をする。以後、少し余裕を持って運動の専従になる。

・6　PKO法案通り、反対運動の中、9月に自衛隊カンボジア派兵さる。

・8　ソビエト社会主義連邦崩壊

1993・1　『労働情報』代表に就任、全労協常任幹事と兼任。池上文夫広島県労協議長と協力し「西日本春闘討論集会」を福山で開催

・6　大阪労働者弁護団結成さる。

1994・6　自・社・さ政権、村山連立政権誕生

・8　全労協護法労働組合結成

1995・1　阪神・淡路大震災。大阪全労協全力で救援に当たる。責任を

明確にと大阪全労協の赤腕章を着用、御影小学校避難所を重点に、泊り込んで救援に当たる。NTTと交渉し、全避難所に無料公衆電話を設置さす

・3　春闘統一行動、茨木消費者クラブの三役解雇撤回交渉の最中、増田教育合同委員長が幹部社員に腹部を刺される事件が発生。以後3ヶ月にわたり連日、糾弾闘争を展開。殺人未遂として刑事告訴。三役解雇撤回と陳謝の表明、社長の追放となった。

・7　参議院選挙、「平和・市民」の結成に参加。大阪選挙区に中北龍太郎、兵庫に旭堂小南陵を立てる。東京で田英夫のみが当選、比例区の阿部知子、湯川れいこ等落選。

・8　『労働情報』が「協同センター・労働情報」に主体を変更する。

1996・1　村山首相辞任。社会党、社会民主党に党名変更。

・3　関西生コン支部に刑事弾圧、武委員長1年2ヶ月長期勾留、「警察・検察・裁判所シンポ」開催

・9　リバプール港湾争議、激励・連帯行動を、国労争議団との共闘で展開。

1997・6　国鉄闘争勝利総決起集会を日比谷で開催

・12　韓国大統領選挙で金大中氏当選。

2000・1　キューバ職業総同盟の招請で、前田団長、鈴木、望月、奥薗の訪問団派遣。

2001・7　参議院選、小泉旋風で自民圧勝。

・9　アメリカで「同時多発テロ」発生。

・9　今野求労働情報事務局長死亡

2002・3　社民党、辻元きよみ議員、秘書給与問題で辞職。

・11　イラク反戦運動世界に広がる。伊で100万人デモ。

2003・　「イラク派兵に反対し、憲法を活かす候補を共同で当選させる懇談会」を開催。衆議院選挙に護憲派政党が市民と組んで国政選挙共闘を呼びかけ、社会大衆党島袋議員や新社会党小森劉邦、社民党土井たか子に日本版「オリーブの木」を要請する。不発。

・11　日中労交訪中団、吉岡徳次団長、前田裕晤, 前川武志、遠藤一郎、山下恒生、大野晋で北京・盧溝橋・南京・上海の行程。北京で張香山中日友好協会代表より釣魚臺迎賓館にて昼食会に呼ばれる、この時, 張香山氏より土井たか子社民党委員長辞任

を知らされる。

2004・7　参議院選挙で大阪より辻元きよみを無所属で擁立、72万取るも次点。

・7　第16回全労協全国大会、副議長に選出さる。

・8　米軍へり、沖縄国際大学に衝突墜落事故。

2005・6　郵政民営化反対、国会前行動。

・7　大阪全労協定期大会で議長辞任、顧問に。石田俊幸（ゼネ石）議長就任。

・9　小泉・郵政解散を掲げ総選挙、自民大勝で単独過半数制す。

2006・　全労協副議長として京都総評大会で来賓挨拶。労働運動の現状打破を訴える。

2007・7　参議院選挙に、前田知克弁護士らと「九条ネット」を結成し、全国区に天木直人、成島忠夫，原かずみ等9名と大阪選挙区に服部良一（社民党）を立てて闘うも、実らず。

2008・8　大阪教育合同・井澤さん新任免職裁判、高裁で逆転勝利判決。復職果たす。

2009・6　日中労働者交流協会代表として前川事務局次長と南京大屠殺記念館を訪問。記念碑建立を確認。衆議院選に服部良一を近畿比例で当選。全労協より組織内議員の誕生。

2010・6　JR1047名の採用差別闘争、東京高裁にて和解、23年間の闘争に一応の結論を出す。

・9　第22回全労協全国大会、今期を持って副議長を辞任。21年に渡る役員生活に終止符を打つ。退任挨拶で「役員は退任したが、労働者に定年はない」と、少し見栄を切ったが、小学生の孫娘に「年金で、働かないのに労働者って言えるの」と問いただされ、答える術なし。

前田裕晤が語る　大阪中電と左翼労働運動の軌跡

2014年4月15日　初版第1刷発行

著　者　前田裕晤
聞き手　江藤正修
制　作　閏月社
発行者　高井 隆
発行所　同時代社
〒101-0065　東京都千代田区西神田2-7-6
電話 03(3261)3149　FAX 03(3261)3237
印刷　モリモト印刷(株)

ISBN978-4-88683-761-5